DA MORTE AO NASCIMENTO
ENTENDENDO O KARMA
E A REENCARNAÇÃO

PANDIT RAJMANI TIGUNAIT

DA MORTE
AO NASCIMENTO
Entendendo o Karma
e a Reencarnação

Tradução:
CARMEN FISCHER

EDITORA PENSAMENTO
São Paulo

Título do original: *From Death to Birth*

Copyright © 1997 The Himalayan Institute.

Todos os direitos reservados. Nenhuma parte deste livro pode ser reproduzida ou usada de qualquer forma ou por qualquer meio, eletrônico ou mecânico, inclusive fotocópias, gravações ou sistema de armazenamento em banco de dados, sem permissão por escrito, exceto nos casos de trechos curtos citados em resenhas críticas ou artigos de revistas.

O primeiro número à esquerda indica a edição, ou reedição, desta obra. As dezenas à direita indicam o ano em que esta edição, ou reedição, foi publicada.

Edição	Ano
1-2-3-4-5-6-7-8-9	01-02-03-04-05-06-07

Direitos de tradução para a língua portuguesa
adquiridos com exclusividade pela
EDITORA PENSAMENTO-CULTRIX LTDA.
Rua Dr. Mário Vicente, 368 — 04270-000 — São Paulo, SP
Fone: 272-1399 — Fax: 272-4770
E-mail: pensamento@snet.com.br
http://www.pensamento-cultrix.com.br
que se reserva a propriedade literária desta tradução.

Impresso em nossas oficinas gráficas.

Para o meu *gurudeva*, Sri Swami Rama,
que é como um farol iluminando
ambos os lados da vida.

Sumário

Introdução   9

1. Experiências Reais da Dinâmica do Karma   13
2. Karmas Adormecidos, Ativos e Potenciais   24
3. Como a Mente Cria os Karmas   48
4. O Tecelão do Destino   67
5. Brechas na Lei do Karma   84
6. O Propulsor da Morte e do Renascimento   99
7. O Retorno da Alma   117
8. Nascimento Divino: o Caminho dos Santos   133
9. Práticas que Conduzem ao Céu e para Além Dele   152

Introdução

"O segredo da vida está no conhecimento da morte." Essas palavras continuam ressoando em meus ouvidos. Antes de tê-las ouvido do meu *gurudeva*, Sri Swami Rama, outro grande yogue já havia tentado me comunicá-las em silêncio, mas devido à minha ignorância, eu não as ouvira.

Em outubro de 1979, quando eu me preparava para fazer minha primeira viagem aos Estados Unidos, no dia anterior à minha partida, ouvi dizer que um mestre tântrico conhecido como Datia Wale Swamiji estava se submetendo a um tratamento de diálise no *All-India Medical Institute* de Nova Delhi. Durante a sua permanência no hospital, a ala onde estava internado foi transformada num santuário, uma vez que aquele grande homem era visto como o filho bem-aventurado da Mãe Divina. Nos dias em que não era submetido à diálise, centenas de pessoas faziam fila para vê-lo. Como não queria perder uma oportunidade tão rara, fui até o hospital e entrei na fila — mas quando estava chegando perto do quarto dele, acabou o horário de visitas. Profundamente frustrado, voltei para casa.

O dia seguinte era o de sua sessão de diálise e as visitas não eram permitidas. No entanto, antes de ir para o aeroporto, fiz mais uma tentativa. Minha intenção era, mesmo que não pudesse vê-lo, a de prestar reverência ao lugar onde ele se encontrava. A tarde já ia avançada e dezenas de pessoas, exatamente como eu, estavam ali sem nenhuma possibilidade real de receber autorização para vê-lo. Mas para nossa surpresa, chegou a notícia de que o mestre ia nos receber.

Ele estava sentado num grande sofá no seu quarto. Cada pessoa parava na porta e ficava olhando para ele por alguns minutos e depois ia embora, dando lugar ao próximo da fila. Quando chegou a minha vez, olhei para dentro do quarto e imediatamente curvei a cabeça para reverenciá-lo, quase sem acreditar no que estava vendo. Ele parecia tão vivo e saudável que era difícil acreditar que estava sofrendo de deficiência renal. Ao ver-me hesitante na porta, ele perguntou: "Você é filho de quem?"

Sabendo que na verdade ele estava querendo saber de quem eu era discípulo, respondi: "Sou *shishya* (discípulo) de Bhole Baba [um apelido do Swami Rama].

Ao ouvir a referência a Swamiji, ele alegrou-se, dizendo: "Aproxime-se, meu filho. Onde está meu irmão?" Aproximei-me dele e, com a cabeça perto de seus joelhos, disse-lhe que Swamiji estava morando nos Estados Unidos. Ele começou a falar de Swamiji com uma voz tão alta e vibrante que seus médicos e enfermeiros pediram-lhe para se acalmar, temendo que se cansasse e sofresse um colapso. Ele deu uma sonora gargalhada. Olhando para mim, ele disse: "Diga a essas pessoas o que é a fonte da vida." Como permaneci em silêncio, ele mesmo disse: "*Shakti*, a eterna e todo-abrangente força divina, intrínseca ao Ser Todo-Poderoso, é a fonte da vida. Ela é a Mãe Divina. Vá, meu filho. Que a graça da Mãe Divina se derrame sobre você. E diga ao meu irmão que voltaremos a nos encontrar na outra margem."

Prestei-lhe minhas reverências e fui embora. O swami era um homem de grande estatura, mas sua pele estava toda enrugada — parecia que tinha perdido uns 45 quilos —, e mesmo assim estava radiante. Fiquei impressionado com seu vigor e sua aparente boa saúde. Ele devia estar com mais de noventa anos, mas parecia que a velhice não ousava revelar-lhe a face. Mas ele estava morrendo. E ainda mais intrigante era o fato de ele estar feliz diante da morte. Parecia estar ansioso por abraçar algo mais precioso e aprazível do que o mundo que deixaria para trás, algo que viria depois da morte. Mais tarde fiquei sabendo que ele morreu logo após a minha visita.

Na noite daquele mesmo dia eu viajei para os Estados Unidos. Não tive nenhuma oportunidade de falar com alguém sobre o que pensava e sentia com respeito àquele encontro até o verão de 1980, quando estive com meu *gurudeva*. Depois de ter relatado esse incidente a Swamiji, perguntei-lhe bruscamente: "Por que ele estava tão feliz? Como uma pessoa pode não sentir medo e ansiedade quando ouve a morte bater à sua porta?"

Swamiji respondeu: "Ele não tinha medo da morte porque sabia para onde estava indo. Ele estava feliz porque a perda das coisas materiais não significava nada para ele. Os santos não morrem — eles se sentem à vontade para se desfazer do corpo. Nem mesmo a sombra da morte consegue tocá-los; são imortais. Eles desvendaram o mistério da morte muito antes da hora da morte. Entendem que a morte não passa de um hábito do corpo — uma mudança que para a pessoa ignorante parece uma grande perda.

"Aquele sábio tântrico — prosseguiu Swamiji — conhecia plenamente ambos os lados da vida e, por isso, não tinha nenhuma ansiedade. Ele era feliz aqui e continuará sendo feliz no além. As pessoas que não sabem disso agarram-se à vida. Como têm medo do desconhecido, elas não querem passar para o estágio da vida que sucede a morte. Para as pessoas ignorantes, a morte é como uma expulsão. Ela vem acompanhada de dor. Não sabendo como lidar com a dor, elas fecham os olhos, ficam inconscientes e morrem sem tomar conhecimento do processo de morrer. Os santos morrem com plena consciência e é por isso que caminham com passos firmes e seguros em direção a seus destinos." No longo processo de aprendizagem com Swamiji e outros sábios, bem como por meio da reflexão sobre escrituras como os Upanishads, os Puranas e os textos tântricos, eu vim a entender que a morte é o maior de todos os mestres, desde que estejamos despertos quando o ensinamento está sendo ministrado. A jornada do espírito do nascimento à morte segue uma linha bastante reta. Nascemos, crescemos e, com diferentes níveis de prazer e dor, conforto e desconforto, nos tornamos adultos. Lutamos pela sobrevivência e procriamos. Envelhecemos e morremos. Essa jornada é automática e não leva a nenhum outro lugar que não seja à morte, à decomposição e à destruição. Se não entendemos o que existe entre a morte e o renascimento enquanto estamos vivos, somos dominados pelo enorme poder da ansiedade e da incerteza. Nuvens de insegurança, medo e aflição começam a pesar sobre nós muito antes da morte se aproximar. Fazemos tudo para nos sentirmos seguros, acumulando bens materiais e cultivando crenças religiosas, apesar de sabermos que a vida vai ser consumida pela morte. Por mais desesperadamente que tentemos ignorar essa verdade, temos de finalmente encará-la, mesmo que seja no último instante de nossas vidas.

As escrituras afirmam que o nosso estado de consciência na hora da morte em geral determina o nosso estado de consciência depois da morte. A consciência individual retorna no mesmo fluxo de pensamentos no qual ela partiu. Se morremos inconscientemente, não temos nenhum controle consciente sobre nossos padrões de pensamento, mas somos arrastados por uma poderosa onda de pensamentos que provém de emoções cultivadas por muito tempo e que funcionam como fontes de nossos pensamentos. Elas provêm da experiência de atos que repetimos durante toda a vida.

Sempre que realizamos uma ação, tendemos a colher seus frutos, sejam eles agradáveis ou desagradáveis. Ou nos agarramos a esses frutos ou tentamos nos livrar deles e, nesse processo, também praticamos ações. Essas ações, por sua vez, também produzem frutos e esses frutos desencadeiam novas ações. A vida entre o nascimento e a morte é o campo do karma no qual semeamos, colhemos e voltamos a semear.

Se não nos libertamos desse círculo, algum dia acabamos sendo ceifados pela força do tempo. Então, deixamos de ser os criadores de nossos karmas e passamos a ser criados por eles. É a isso que as escrituras se referem como sujeição ao karma. A libertação está na ruptura desse círculo, pois só assim nos tornamos capazes de desvendar o mistério do plano que existe entre a morte e o renascimento. E só então passamos a criar realmente o nosso próprio destino.

As escrituras prometem (e os iniciados confirmam) que aqueles que se libertaram do karma conseguem deixar conscientemente o corpo antes da chegada da morte. E dominando o processo de saída voluntária e conscientemente do corpo, a pessoa passa pela morte e retorna muitas e muitas vezes. Para a pessoa comum, a morte vem acompanhada de escuridão; mas para os que "procuram compreender a morte" ela é cheia de luz. Sob essa luz, esses seguidores examinam a própria mente. Essa experiência não tem nada a ver com as experiências de quase morte relatadas por aqueles que caem nas garras da morte e conseguem escapar por algum meio, assim como seus relatos sobre céu e inferno, purgatório e limbo, Deus e diabo e anjos são diferentes e mais significativos dos que conhecemos pelos textos religiosos.

Para o restante de nós, a jornada do espírito da morte ao renascimento é determinada, sobretudo, por nossos karmas — as ações que praticamos no intervalo entre o nascimento e a morte. É por isso que a chave para desvendar o mistério do renascimento e da reencarnação está no entendimento do karma e de seus efeitos sobre nossa mente e nossa consciência. Esse entendimento, por sua vez, aviva o nosso conhecimento de como podemos, finalmente, nos tornar os criadores do nosso destino, em vez de apenas seus efeitos. Como veremos nas páginas seguintes, descobrir a dinâmica do karma, seu papel na formação do nosso destino e suas conseqüências sobre o processo da morte não apenas projeta luz sobre o mistério de múltiplas camadas oculto por trás das cortinas do céu e do inferno, mas também determina o retorno do espírito a este mundo pelo caminho turvo do renascimento, pela estrada aberta da reencarnação ou pelo nascimento divino.

CAPÍTULO 1

Experiências Reais da Dinâmica do Karma

Quando olhamos para o mundo ao nosso redor vemos uma quantidade incrível de sofrimento e nos perguntamos o porquê disso. Algumas pessoas ficam doentes, outras passam fome ou são vítimas da violência, enquanto outras atravessam a vida incólumes. Vemos pessoas envolvidas com todo tipo de atividades insanas, inescrupulosas e prejudiciais que parecem prosperar, enquanto outras honestas, esforçadas e bem-intencionadas só encontram o fracasso. E lemos relatos de pessoas tão evoluídas espiritualmente que foram capazes de curar e transformar outras vidas, enquanto elas mesmas sofriam de doenças incuráveis. Por quê?

De acordo com a yoga, as respostas a essas perguntas estão no conhecimento dos karmas individuais e coletivos — conhecimento esse que explica o mistério do nascimento e da morte e de tudo o que existe entre os dois. Dediquei-me a estudar filosofia porque queria entender a causa última da felicidade e da infelicidade. Mas apesar de tudo o que li e ponderei, não encontrei respostas que fossem satisfatórias. Comecei a entender a teoria do karma conforme exposta nas escrituras só depois de ter passado um bom tempo com um grande número de yogues altamente consumados. Durante o tempo que passei com eles, esses iniciados espirituais me revelaram alguns dos mistérios sutis que não são explicáveis intelectualmente.

Um de meus primeiros mestres foi Swami Sadanand. Tive a sorte de conhecê-lo quando estudava sânscrito na Universidade de Allahabad. Esse santo amável vivia numa margem do Ganges, nas redondezas da cidade. Era versado tanto nas escrituras quanto em ciências seculares. Anos antes de eu encontrar meu *gurudeva*, Sri Swami Rama, ele foi um dos que me ajudaram a conhecer *Sri Vidya*, a mais elevada das ciências espirituais. Swami Sadanand não prometeu ensinar-me essa ciência, mas guiou-me para as escrituras relacionadas com a prática *Sri Vidya* e explicou-me que seu aprendizado e prática requer tanto um karma positivo como a graça de Deus. Ele me disse que ambos podiam ser obtidos pela prática do mantra *gayatri*, acrescentando que esse mantra pode apagar os karmas negativos, criar novos karmas positivos e abrir o canal para a graça de Deus.

Enquanto nem essas instruções nem as teorias das escrituras que Swami Sadanand expunha não faziam qualquer sentido para mim naquela época, seu amor, compaixão e bondade, bem como seus conhecimentos das escrituras, infundiram no meu coração uma profunda devoção e confiança nele. Em várias ocasiões ele explicou a lei do karma, mas mesmo assim ela permaneceu abstrata e incompreensível para mim até eu começar a ter uma idéia de como ela operava tanto na minha vida quanto na de algumas pessoas próximas.

Respostas e novas perguntas

Swami Sadanand era bondoso com todo mundo e distribuía remédios gratuitamente para os doentes, mas quando eu estive doente ele não me deu atenção. Eu não conseguia entender o porquê disso. Então, certo dia, recebi a notícia de que minha mãe, que vivia numa aldeia distante, andava com dores de cabeça terríveis há mais de um mês e que havia perdido recentemente a visão. Em pânico eu procurei o santo e supliquei-lhe que me desse um remédio para eu levar a ela. Ele disse: "Os remédios não têm poder para mudar o curso do karma. Se você quiser, posso dar um remédio para a sua mãe, mas é melhor que você faça a recitação da *aditya hridayam* [prece ao sol revelada ao sábio Agastya].

Fiquei intrigado, mas permaneci em Allahabad, a cerca de 110 quilômetros da aldeia onde vivia minha mãe, e fiz doze recitações dessa prece por dia enquanto continuava minha rotina na universidade. Finalmente, minha irmã me contou que nossa mãe tinha ficado subitamente boa. Profundamente agradecido — e querendo saber qual era a relação da oração com a recuperação de minha mãe — eu procurei Swami Sadanand e perguntei-lhe: "Como uma oração ou recitação de um mantra consegue ajudar não apenas a pessoa que ora, mas também a que está longe?"

Sorrindo ele respondeu: "*Tapas* (práticas de austeridade) intensas, *samadhi* [absorção espiritual], mantra *sadhana*, a graça de Deus, serviço abnegado e *satsanga* [a companhia de santos] cria um poderoso karma positivo em um curto período de tempo. E esse pode neutralizar os efeitos dos karmas negativos anteriores." Ele levantou-se e pegou o *Yoga Sutra* com o comentário de Vyasa e mostrou-me a passagem exata que estava citando. Quando ele colocou a lei do karma neste contexto, comecei a entender melhor o *Yoga Sutra* e as outras escrituras, mas continuei sem entender realmente a dinâmica do karma e da reencarnação. Então, numa manhã de domingo, eu cheguei bem cedo no *ashram* e encontrei Swami Sadanand em companhia de um senhor que tinha ataques epilépticos tão violentos e freqüentes que andava sempre acompanhado como garantia para que não se machucasse. O santo deu a ele algo que parecia cinza.

"Tome este remédio todas as manhãs", ele instruiu, "mas só depois de ter dado grãos para os pássaros silvestres comerem. Depois das suas abluções matinais, pegue um punhado de cevada, um pouco de trigo quebrado e de outros grãos, chame os pássaros e alimente-os. Quando eles tiverem terminado de comer os grãos, tome este remédio. E só então você poderá tomar a sua refeição."

Quando o homem foi embora, perguntei-lhe: "Mestre, eu entendo que tomar remédio é importante, mas por que ele tem de alimentar os pássaros?"

Swami Sadanand respondeu: "Você deve observar. Quando ele estiver curado, eu explicarei."

Por três dias o coitado passou fome, porque os pássaros não comiam os grãos que ele lhes dava. Então, no quarto dia, eles comeram os grãos que ele lhes deu e ele começou a tomar o remédio. Ele adquiriu o hábito de alimentar os pássaros antes de começar seu dia. Em um mês, seus ataques tornaram-se menos freqüentes e em seis meses ele estava curado.

Quando pedi a Swami Sadanand que me explicasse, ele disse: "Os pássaros fazem parte da natureza. A relação deles com os seres humanos não é contagiada pelo egoísmo nem por expectativas. Eles ficam felizes se você lhes dá atenção, mas não se importam se você não a dá. Eles são puro instinto — não fazem escolhas pessoais e nem têm nenhuma expectativa. Servir a eles é servir à natureza, que é o repositório de todos os nossos karmas.

"Nossa *chitta* individual [a mente inconsciente] e o *karmashaya* [o veículo de nossos karmas] atuam sempre em conformidade com a natureza primordial (*prakriti*) que engloba não apenas as plantas, os rios e o resto do ambiente natural, mas também o campo de energia primordial que é a fonte e o lugar de origem deste mundo material. Ao sacrificar seu próprio conforto e dar aquilo que você acredita ser seu, você está pagando seus débitos kármicos no plano sutil. E são esses débitos kármicos a causa do seu sofrimento atual."

Essa explicação, mesmo sendo breve, deu-me material suficiente para vários anos de estudo e meditação. Mas quanto mais eu estudava e ponderava sobre o mistério do karma, mais perguntas vinham-me à mente: Podemos pagar nossos débitos kármicos apenas dando de comer a outras criaturas? Os seres humanos não são também parte da natureza? É possível a uma pessoa pagar seus débitos kármicos mesmo sem ter consciência deles? O karma de uma vida afeta as vidas futuras? E se afeta, como?

A recuperação de minha mãe e a cura do epiléptico sugerem que há um meio de contornar a lei do karma, mas estas perguntas continuaram sem respostas: Libertamo-nos da sujeição ao karma apenas depois de termos pago todos nossos débitos kármicos? Ou podemos alcançar a libertação pela prática intensa de *tapas*, pela absorção espiritual (*samadhi*), pela recitação do mantra *sadhana*, pelo serviço abnegado aos outros, por estar na companhia de santos e sábios, obtendo com isso a graça de Deus? Obter a graça de Deus seria como declarar falência — uma vez que nossos débitos kármicos seriam impagáveis por outros meios?

Esperando encontrar respostas para essas perguntas eu me desviei dos estudos de literatura sanscrítica e do Ayurveda para concentrar-me nas escrituras e textos filosóficos. Além de passar um tempo com Swami Sadanand, eu comecei a visitar dezenas de swamis que freqüentavam as cerimônias espirituais anuais que ocorriam nas margens do Ganges em Allahabad. Muitos daqueles mestres iniciados responderam a algumas de minhas perguntas, mas muitas vezes suas respostas eram profundas demais para que eu pudesse compreendê-las inteiramente. Constatei que as respostas verbais que obtinha ajudavam menos do que o entendimento que obtinha observando os atos espontâneos daqueles santos.

Por exemplo, um daqueles santos recebeu a visita de um homem jovem e saudável que estava obcecado pela idéia de que em breve sofreria um acidente fatal. Depois de ouvir seu problema, o santo disse-lhe que deveria ficar um tempo com ele no seu *ashram* à margem do rio.

Passados alguns dias, o jovem ficou impaciente. Bem cedo na manhã de um certo dia, ele decidiu tomar o próximo trem para a cidade de Jhariya, onde morava. O santo advertiu-o com veemência que não fosse, mas o homem argumentou que tinha de voltar ao seu trabalho. Então o santo disse-lhe que ele próprio estava doente e que precisava de um remédio e que só ele podia buscá-lo na cidade. Ele acalmou o jovem, garantindo-lhe que poderia partir no dia seguinte ou tomar o trem noturno daquele mesmo dia. Que por ser ele velho e doente, eles poderiam nunca mais se ver e era importante que o jovem lhe prestasse esse último favor.

O jovem concordou e foi até a cidade buscar o remédio e, com isso, perdeu o trem da manhã para Jhariya. No dia seguinte chegou a notícia: o trem tinha descarrilhado, causando a morte de mais de cem passageiros e mais algumas centenas de feridos. O jovem, imensamente agradecido, quis então ficar para servir ao santo, mas esse insistiu que ele voltasse para casa.

Depois de ter observado esse incidente e muitos outros, compreendi a verdade contida nas escrituras de que um meio de contra-atacar os karmas negativos é colocar-se na presença de santos e prestar serviço a eles. Mas mesmo assim eu continuei sem entender por que servir a santos de ambos os sexos no aqui-e-agora pode apagar o efeito de um karma criado no passado. Fiquei curioso por saber quem guarda o registro exato dos karmas e, também, por que algumas pessoas têm sabedoria suficiente para conhecer os registros kármicos e outras não. Perguntei-me ainda por que alguns mestres yogues, que evidentemente conhecem a causa dos problemas de outras pessoas e as ajudam eficazmente, continuam indiferentes no que diz respeito a ajudar a si mesmos.

Perguntas como estas continuaram a assaltar minha mente: Seria mais fácil conhecer os problemas dos outros do que os próprios? Seria mais fácil ajudar os outros do que a si mesmo? Seriam essas pessoas sábias protegidas por certas leis espirituais? Seria por isso que, mesmo tendo capacidade para conhecer e remover a causa de seus problemas, elas não o fazem?

Com o passar do tempo encontrei algumas respostas, mas mesmo assim minha lista de perguntas aumentou. Então, certo dia tive a oportunidade de passar por uma determinada prática espiritual que mudou o rumo da minha vida.

Foi no inverno de 1982. Meu *gurudeva*, Sri Swami Rama, encontrava-se em Nova Delhi e eu estava com ele, preparando minha partida para os Estados Unidos na noite daquele dia. De repente, ele me perguntou: "Então, a que horas você vai partir?" Disse-lhe a hora. Passado um tempo, ele voltou a perguntar: "E então, a que horas você vai partir?" Dei-lhe a mesma resposta. Mais tarde, ele perguntou de novo, acrescentando: "Você tem mesmo de ir?" Expliquei-lhe que teria de dar aulas e que voltaria, mas ele parecia não estar ouvindo. Esse diálogo repetiu-se muitas e muitas vezes durante as próximas horas. Por fim, entendi que ele não queria que eu viajasse, apesar de não fazer idéia do motivo. Telefonei para a companhia aérea e cancelei minha viagem. Um pouco depois, ele voltou a perguntar-me: "E então, você está indo?"

Quando respondi que não, ele disse: "Ótimo. Você deve ir a Rishikesh e fazer tal-e-tal práticas enquanto estiver no *ashram*. Visite todos os dias o templo Virbhadra."

Portanto, fui a Rishikesh e fiz as práticas sugeridas. No último dia comecei a sentir uma enorme sonolência. Cada vez que eu pegava a enfiada de contas (*mala*) para repetir o mantra, caía no sono. Levantei e fui lavar o rosto várias vezes com água fria, mas não conseguia manter-me acordado. Finalmente, sentado na posição de meditação, eu adormeci. A enfiada de contas caiu da minha mão e eu tive um sonho tão vívido que sabia ser real.

No sonho eu estava sendo levado pela rota familiar da cidade de Nova York para a sede de Swamiji na Pensilvânia, onde moro. A motorista, uma mulher a quem chamarei Laura, me levava freqüentemente para Nova York. Ela estava dirigindo feliz da vida como sempre, quando um carro entrou de repente na pista, vindo da rampa de saída em nossa direção. E vinha diretamente para cima de nós. Se Laura freasse abruptamente, o carro de trás bateria no nosso. Se manobrasse para o acostamento ou para a outra pista, colidiríamos com os carros ao nosso redor. Não havia tempo nem alternativa: uma batida de frente era inevitável. Então, numa fração de segundo antes da batida, um homem extraordinariamente alto, vestido de branco, apareceu entre os dois carros e impediu o acidente. Ele pegou-nos — eu numa mão e Laura na outra — e colocou-nos no meio-fio.

Acordei e vi minha enfiada de contas no chão. Todo o meu ser estava tomado por uma mistura de medo e alegria — medo pela colisão próxima e alegria pelo toque amoroso do ser que tinha me tirado do perigo. Tinha inchaços por todo o corpo. Mas eu ainda tinha muita *japa* (prática mística de certos yogues) para fazer antes de terminar minha prática e, por isso, afastei da mente a lembrança do sonho para concentrar-me na recitação do mantra.

Logo depois voltei para os Estados Unidos onde retomei minha rotina. Com o passar do tempo, acabei esquecendo-me daquele sonho.

Naquela primavera Laura me levou para Nova York para dar uma aula. Na volta, ela de repente me comunicou que seu batimento cardíaco estava acelerado e que estava com medo de continuar dirigindo. Disse também que nos últimos dias vinha vendo mentalmente uma colisão de frente. Como não queria deixar de me levar para Nova York, ela tinha procurado reduzir o medo. Mas agora ele a tinha dominado — estava apavorada demais para continuar dirigindo.

Quando ela me contou isso, lembrei-me do sonho e vi que estávamos nos aproximando do lugar em que no sonho havia ocorrido o acidente.

Lembrei-me também de Swamiji ter dito que o que acontece no mundo exterior já aconteceu há muito tempo no mundo interior. Subitamente entendi que o acidente já tinha acontecido, que o ser misterioso vestido de branco já nos salvara e, portanto, que não havia nada a temer. Mas eu não podia dizer essas coisas a Laura.

A rampa de saída de onde o carro vinha no meu sonho estava bem diante de nós. Procurei distrair Laura, envolvendo-a numa conversa, mas ela estava ficando cada vez mais agitada. Estávamos na pista da direita, perto da rampa de saída, quando subitamente surgiu um carro vindo diretamente para cima do nosso. Quando Laura começou a frear, os carros que vinham atrás e ao lado do nosso também frearam e fizeram manobras, mas a colisão pareceu inevitável. Naquele instante, surgiu a seguinte questão em minha mente: eu deveria desprender o cinto de segurança para que o ser vestido de branco pudesse me tirar mais facilmente do carro? Quase ao mesmo tempo, surgiu o pensamento contrário: Que diferença faz? Um ser físico não pode ajudar e para uma força etérica um cinto de segurança não é nada. Portanto, fechei os olhos e concentrei-me. Exatamente quando íamos colidir, vi o ser vestido de branco aparecer entre os dois carros, tirar Laura e eu do carro e colocar-nos no acostamento direito da estrada.

Abri os olhos e vi-me parado ao lado de Laura, com o corpo tomado pela mesma mistura de medo e alegria que tinha sentido depois do sonho em Rishikesh. Também tinha inchaços por todo o corpo. Nosso carro estava quase engavetado no outro que havia colidido, e suas portas dianteiras estavam totalmente abertas. Alguns dos carros que vinham atrás de nós também haviam colidido, apesar de nada de mais sério ter acontecido. Alguns motoristas berravam reclinados nas janelas de seus carros. Perguntei a Laura se ela estava bem. Ela sorriu e disse: "Estou bem." E enquanto os outros motoristas ficaram se xingando e anotando as placas dos carros uns dos outros, nós entramos no nosso e fomos embora.

Por várias semanas eu fiquei me fazendo perguntas sobre o sujeito alto vestido de branco. Quem ou o que era ele? De acordo com a fé cristã, ele seria um anjo e, do ponto de vista indiano, ele seria um sábio ou yogue imortal. Eu não fazia idéia do que ele podia ser. Não tinha nenhuma lembrança de ter tido essa experiência antes — a não ser no sonho. Portanto, por que ele tinha me protegido? Seria a forma personificada do mantra que Swamiji havia me mandado praticar em Rishikesh? Seria ele o mesmo santo que tinha protegido Swamiji quando ele caíra perdido nas montanhas? Eu não tinha nenhum sentimento especial de amor por aquele ser. Mas tinha um enorme sentimento de gratidão para com Swamiji. Teria sido ele mesmo que assumira aquela forma para me ajudar? Ou teria ele pedido para aquele ser me ajudar?

À minha mente voltava sempre a lembrança da prática que eu tinha feito em Rishikesh. Mas eu não tinha certeza de que essa experiência devia-se unicamente àquela prática, pois conhecia muitas pessoas que haviam repetido o mesmo mantra centenas de vezes sem que tivesse ocorrido qualquer mudança significativa na vida delas. Teria Swamiji recorrido a essa prática para evocar uma força de proteção suficientemente poderosa para impedir-me de colher os frutos de meu karma passado?

O que aconteceu com Laura depois daquele incidente deu origem a mais perguntas. Por algumas semanas, ela pareceu estar num mundo de bem-aventurança. Seu coração exultava de alegria e gratidão para com Swamiji e a tradição espiritual que ele representava. Mas em três semanas, seu estado de espírito mudou. Apesar de ter sido aluna de Swamiji por um longo tempo e de ter relações estreitas com minha família, ela agora se distanciara de nós, tornando-se primeiro indiferente e depois hostil a Swamiji. Na quarta semana, ela deixou o Instituto. Tinha muitas reclamações, mas a principal delas era que Swamiji era egoísta. Disse que estava decepcionada com Swamiji por ele não querer que os outros fossem felizes.

Achei aquilo incompreensível. Eu queria que Swamiji me desse explicações, mas sabia que se lhe perguntasse o que tinha acontecido, ele simplesmente ficaria em silêncio. Mas um dia, enquanto ainda me indagava sobre o que tinha acontecido, topei-me com uma passagem dos Puranas que respondia à minha pergunta. No curso de uma longa história, essa escritura deixava claro que ninguém pode interferir na lei do karma. Todas as forças, visíveis e invisíveis, que atuam neste mundo mortal são governadas por essa lei. Nascimento e morte e tudo o que ocorre entre esses dois acontecimentos dependem da lei do karma. A lei do karma determina a situação na qual nascemos nesta vida e na qual nasceremos na próxima. Mas há um modo pelo qual os acontecimentos kármicos podem ser corrigidos. A lei da providência divina — que é o poder inerente a Deus — está fora da lei do karma e pode corrigir os acontecimentos kármicos — embora raramente o faça. Nada é impossível no plano da providência divina. E mais: podemos entrar em contato com o divino por meio da prática intensa de *tapas* (austeridades), da recitação de mantras (*sadhana*), da absorção espiritual (*samadhi*), da devoção a Deus, da companhia dos santos e do serviço abnegado. Quando se faz essas práticas, a correção dos acontecimentos kármicos começa a ocorrer por si mesma.

Também segundo as escrituras, para se receber a graça divina é necessário que se esteja preparado e que uma preparação ainda maior é necessária para se assimilar e reter a graça recebida. A fé em Deus e a entrega à vontade divina tornam isso possível, e essa atitude de fé e entrega é alcançada pela meditação, oração, *japa*, contemplação, auto-exame e serviço àqueles cujos corações e mentes estão totalmente impregnados pela consciência divina.

Quando examinei o comportamento de Laura da perspectiva dessa mensagem, tive a resposta à minha pergunta. Possivelmente, no meu caso, a força do karma não tinha interferido na vontade divina porque aquela prática de *japa* durante onze dias em Rishikesh tinha me dado a oportunidade de assimilar a graça obtida por meio da prática. Mas Laura não tivera essa oportunidade e talvez esse tenha sido o motivo de sua alegria inicial ter sido minada pela dúvida e pelo medo.

Quem somos?

Eu vinha ouvindo as explicações de Swamiji sobre os diferentes aspectos da yoga, da meditação e da espiritualidade desde 1976. Uma de suas constantes mensagens subjacentes era que o ser humano é o criador de seu próprio destino. Pelos pensamentos, nos tornamos o que queremos ser. Mesmo que a lei do karma não possa em geral ser evitada, Swamiji também afirmava repetidamente que, pelo cultivo da força de vontade e determinação (*sankalpa shakti*), podemos corrigir alguns dos karmas que ainda não começaram a se manifestar nos acontecimentos atuais.

No entanto, nem Swamiji nem as escrituras nos indicam claramente como saber quais são nossos karmas ou quando é apropriado fazer um esforço para modificá-los. As escrituras dão centenas de prescrições para se trabalhar com os karmas no sentido de minimizar seus efeitos negativos, mas elas também advertem os mestres a não passarem essas instruções a seus discípulos se eles não estiverem totalmente preparados. O problema é que a preparação é muito árdua — temos de assumir um compromisso com práticas que exigem muito quando estamos ainda aprisionados nos remoinhos kármicos. Ao mesmo tempo que assumimos práticas espirituais que têm como objetivo apagar nossos karmas negativos, temos de lutar com uma quantidade enorme de obstáculos — obstáculos que, de acordo com as escrituras, também se devem aos karmas já acumulados. Então, por onde começar, e como?

As escrituras dizem que nosso karma nos impele a seguir o curso do tempo. Durante essa jornada, passamos por inúmeras ilhas — outros espíritos individuais que também são impelidos pelo karma. Enquanto estamos juntos, nos apegamos uns aos outros, passamos um tempo juntos e depois nos separamos. Por causa do apego, tentamos nos agarrar, mas nosso karma nos empurra para a frente. Essa jornada nem sempre é fácil. Em certos lugares, o ímpeto de nosso karma cria remoinhos de diferentes forças e tamanhos e, quando passamos por eles na nossa jornada de vida, experimentamos o caos — prazer, dor, perda, conquista, respeito, insulto e tudo o mais. Uma vez aprisionados nos remoinhos kármicos, ficamos dando voltas e mais voltas sem sairmos do lugar. Esse é o círculo de nascimentos e mortes — nascer, lutar para sobreviver, acabar sendo derrotado pela morte e voltar a nascer. Ele não nos leva a nenhum lugar.

Os sábios desenharam mapas e criaram um sistema de navegação que nos permitem sair do rio e alcançar a outra margem da vida, plano no qual a força do karma não atua. A espiritualidade é o processo pelo qual aprendemos a nos livrar desses remoinhos e atravessar o rio sem ficarmos presos novamente, e a prática espiritual envolve a obtenção de um mapa, bem como aprender a navegar o rio do tempo. A recompensa é a libertação da sujeição ao karma (*moksha*).

O mapa é complexo. Para alcançarmos a capacidade de lê-lo, temos de estudar a dinâmica do karma e descobrir como criamos nossos próprios karmas, como ficamos enredados neles e como podemos nos libertar deles. Temos de descobrir quais os karmas que podem ser evitados e quais os que não podem. Uma vez armados com esse conhecimento, não perdemos mais tempo lutando com karmas que não podem ser evitados. Podemos reconhecer o padrão do remoinho e aprender a nos libertar dele na primeira oportunidade, em vez de ficarmos dando voltas infinitas. A capacidade para ler o mapa kármico também envolve descobrir que temos a liberdade para escolher entrar ou não em determinados remoinhos kármicos. Sabendo disso, podemos atravessar o rio do tempo sem ficarmos presos.

O mapa que as escrituras oferecem nos indica que existem três diferentes correntes kármicas: karmas *sanchita* (adormecidos), karmas *prarabdha* (ativos) e karmas *kriyamana* (potenciais). Temos a liberdade para escolher nos enredar ou não nos karmas adormecidos e potenciais, mas no caso dos karmas ativos, não temos quase nenhuma escolha. É por isso que ele é conhecido como destino — o karma *prarabdha* é quase impossível de ser alterado. Mesmo aqueles que operam no plano da providência divina e que têm poder para ultrapassar a lei do karma não podem interferir no destino.

Os karmas adormecidos e potenciais são tão importantes quanto o karma que constitui o destino, mas o karma *prarabdha* chama nossa atenção porque a vida que estamos vivendo agora — as circunstâncias que nos rodeiam — resulta diretamente desse karma. Já estamos no seu poder. Mas se o karma *prarabdha* — do destino — não pode ser alterado, então em que sentido somos os criadores do nosso próprio destino? Na maioria dos casos nos sentimos vítimas, e não criadores, do nosso destino. Afinal, é o destino que determina a nossa vida ou somos nós que determinamos o nosso destino? Somos criaturas ou criadores do destino? O que somos, afinal?

As respostas a essas perguntas estão, em primeiro lugar, na descoberta de como os karmas são criados. Mas, antes de nos entregarmos a essa investigação, vamos examinar a relação entre os karmas adormecidos, ativos e potenciais para podermos entender como eles se relacionam e como se tornam predominantes nas diferentes fases de nossas vidas.

CAPÍTULO 2

Karmas Adormecidos, Ativos e Potenciais

A palavra karma significa "ação". Todas as nossas ações, com exceção das que estamos realizando, são karmas. As ações que estão sendo realizadas são *kriyas*, enquanto as já concluídas são karmas. As sementes do karma estão nas *kriyas*, uma vez que as ações que estão sendo realizadas tornam-se imediatamente ações concluídas. Quando uma ação é concluída, a ação em si não existe mais em sua forma bruta, mas o efeito dela acaba por manifestar-se mais cedo ou mais tarde. Ambos, ação e efeito, são armazenados em suas formas sutis na mente inconsciente e são conhecidos como "karmas".

Nos dias de hoje, a palavra *karma* assumiu conotações negativas. Tanto no Oriente quanto no Ocidente, as pessoas fazem afirmações como: "Isso deve ser meu karma", quando algo desagradável lhes acontece. Essa é uma distorção do conceito. O karma pode ser tanto positivo como negativo, enaltecedor ou degradante. A lei do karma diz simplesmente que "colhemos aquilo que plantamos".

É comum a todas as culturas a crença de que, se fazemos o bem, colhemos bons frutos. O conceito de bem difere de um lugar para outro, bem como de uma época para outra, mas a certeza de que existe uma relação causal entre boas ações e bons resultados e ações más ou erradas e resultados negativos é comum a todas as sociedades. E, independentemente do que se considera a meta suprema da vida, as ações espiritualmente enaltecedoras são vistas universalmente como meio de purificação do espírito, exatamente como as más ações são vistas como meio de contaminação.

Toda ação que realizamos — seja ela mental, verbal ou física — cria uma impressão sutil na nossa mente inconsciente. Quando repetimos constantemente a mesma ação, essas impressões vão ficando cada vez mais fortes, até acabarem tão fortes que nos tornamos incapazes de resistir a suas fortes correntes e somos levados a realizar ações que correspondam a elas. Em outras palavras, as impressões sutis (*samskaras*) têm origem em nossas ações, que são, por sua vez, motivadas por elas. Trata-se de um círculo vicioso que, uma vez colocado em movimento, torna-se difícil pará-lo. Esse círculo — de ações criando impressões que, por sua vez, motivam outras ações — é a lei do karma.

Não sabemos quando esse processo teve início e, por isso, dizemos que é "sem começo". Segundo os yogues, enquanto não temos acesso ao plano da consciência em que são formadas as impressões sutis e armazenadas todas as nossas ações prévias, não adianta nos preocuparmos com como e por que realizamos a primeira ação, criamos a correspondente impressão sutil e com isso ficamos presos no ciclo. O que importa é saber como nos libertar. Do ponto de vista prático, o primeiro passo é descobrir como queimar ou apagar karmas negativos e como engendrar karmas positivos.

Conforme discutimos no Capítulo 1, os yogues dividem os karmas em três grandes categorias: *sanchita* (adormecidos), *prarabdha* (ativos) e *kriyamana* (potenciais). O sentido literal de *karma sanchita* é "karma armazenado". Eles estão adormecidos e só se tornam ativos quando surgem as devidas condições. Como os grãos armazenados em um silo, os karmas *sanchita* só germinarão e darão frutos se forem plantados em terreno fértil, na devida estação e se receberem a quantidade certa de nutrientes.

Os karmas *prarabdha* já começaram a produzir frutos. São como os grãos que foram removidos do silo, plantados e estão em pleno crescimento. A vida dessas plantas é determinada pela fertilidade do solo, pelas condições climáticas e pela existência de doenças e insetos. O pé de milho que cresce na lavoura não tem outra escolha senão suportar as condições dadas e esforçar-se para produzir espigas. Uma vez que a planta tenha germinado, não há como ela retornar à forma de semente e aguardar condições mais favoráveis para o crescimento. Com nossos karmas ativos ocorre a mesma coisa.

Quando as condições são favoráveis, nossos karmas adormecidos tornam-se ativos, criando nossas vidas com suas circunstâncias. Como o grão que germina, uma vez iniciada a nossa jornada exterior somos totalmente dependentes do que a vida tem a nos oferecer. Exatamente como o agricultor cuida da plantação, esperando fazer uma boa colheita (apesar de saber que grande parte do destino da plantação não está em seu poder), procuramos fazer o que é melhor para nós mesmos e para aqueles que amamos. Nosso sucesso depende de muitas variáveis que, na sua maioria, são imprevisíveis.

Os karmas *prarabdha* formam o destino. (*Prarabdha* significa, literalmente, "já no processo de produzir frutos"). Uma vez que o ciclo do karma tenha atingido o estágio do destino não há muito que fazer, mas o processo de colheita dos frutos do destino pode ser realizado com sabedoria. Quando os karmas ativos seguiram seu curso, seus frutos podem, por exemplo, ser armazenados ou distribuídos. Se nos apegamos aos frutos de nossas ações, nós os armazenamos e, com isso, haverá boas chances de eles germinarem e o ciclo recomeçar.

Os karmas potenciais são aqueles que ainda não foram criados. A tradução literal de *karma kriyamana* é "karma a ser realizado". Eles podem ser comparados com as espigas de milho que ainda não se formaram. Se deixamos a planta crescer, ela criará espigas e acabará produzindo grãos plenamente desenvolvidos no curso natural dos acontecimentos. De maneira análoga, em circunstâncias de vida tidas como naturais — as condições nas quais nascemos e nas quais vivemos — nos encontramos realizando ações que produzem resultados.

A analogia acaba aqui. O grão não tem livre-arbítrio, mas depende totalmente da natureza para sobreviver. Parece que nós temos mais vontade própria e somos menos dependentes da natureza. Podemos não ser capazes de interromper o curso dos acontecimentos causados pelo karma *prarabdha*, mas somos livres ou para acumular os frutos de nossos karmas ou para renunciar a eles. A armazenagem dos frutos cria um meio propício para que eles continuem se desenvolvendo — karmas potenciais —, mas aqueles que abraçam o destino com alegria e sabedoria, que estão livres tanto do apego quanto da aversão às experiências que o destino traz, renunciam aos frutos de suas ações e, portanto, não formam karmas potenciais.

Os textos yogues usam outra metáfora, extraída da arte de manejar o arco, para explicar os três tipos de karma. (Na época que esses textos foram compilados, o manejo do arco não era um esporte, mas uma habilidade essencial do guerreiro.) Os karmas *sanchita* (adormecidos) são como flechas guardadas na aljava, prontas para serem ajustadas ao arco. Os karmas *prarabdha* (ativos) são como flechas já disparadas. Os karmas *kriyamana* (potenciais) são como flechas ainda não produzidas, apesar de todos os seus componentes estarem presentes. As flechas, como qualquer outra arma, têm sua razão de ser. A mesma razão que nos impele a fazer ou comprar flechas nos impele a usá-las. Uma vez lançadas, o guerreiro precisa de mais flechas, de maneira que outras são produzidas. Elas serão guardadas na aljava do guerreiro, para ser disparadas na devida ocasião, e novas flechas serão produzidas e guardadas na aljava. O ciclo dos karmas — de adormecidos para ativos e potenciais e de volta para adormecidos, e, assim, sucessivamente — segue esse mesmo processo.

A história nos informa que nunca houve uma arma manufaturada que não tenha sido usada. Também os karmas, uma vez que tenham sido criados e armazenados, precisam mostrar seus efeitos em algum lugar e em algum momento. Com as armas, o procedimento mais seguro é destruí-las antes que surja o impulso para usá-las. Se isso não é possível, a melhor coisa a se fazer é confiá-las a alguém que seja sensato e equilibrado. Isso também se aplica aos karmas adormecidos — o melhor procedimento é queimá-los no fogo do conhecimento ou entregá-los a Deus.

Isso só será possível se tivermos sido capazes de realizar um inventário minucioso de nossos feitos kármicos. Mas a maioria de nós não tem nem o conhecimento e nem a capacidade para entrar nos porões da mente inconsciente, onde os feitos kármicos encontram-se armazenados em forma de impressões sutis. Algumas pessoas não querem nem mesmo saber de seus atos kármicos, para não terem de assumir a responsabilidade pela própria consciência. Mas se continuamos ignorando as causas não-manifestas de nossos problemas atuais, não temos como erradicá-los nem impedir que surjam outros problemas no futuro. Desconhecer as causas de uma doença pode nos ajudar a evitar a preocupação, mas não nos impedirá de contrair a doença se estivermos expostos às suas causas. Assim também a ignorância com respeito aos karmas adormecidos pode nos proporcionar a ilusão de que tudo está bem, mas essa ilusão será destruída quando nossos karmas adormecidos manifestarem-se e tornarem-se ativos, assumindo a forma de destino.

Karma Adormecido (Sanchita)

No processo de autodescoberta, que nos permite atravessar com segurança os remoinhos kármicos, temos de penetrar na camada de nosso ser onde nossos karmas estão armazenados. Quando sabemos o que e quantos eles são, podemos decidir lançá-los ao fogo do conhecimento e, com isso, nos separarmos deles, ou entregá-los a Deus. A seguinte lenda lança um pouco de luz sobre o método da yoga para alcançar a esfera dos karmas adormecidos e a libertação deles.

Era uma vez um yogue de nome Jaigishavya, que iniciou uma longa e intensa prática de austeridades (*tapas*) com a finalidade de alcançar a iluminação. Com a ajuda de sua força de vontade inquebrantável, ele desafiou a fome, a sede, o sono e o cansaço. Embora seu corpo tenha ficado enfraquecido, seus sentidos e sua mente voltaram-se para dentro e sua consciência elevou-se.

Finalmente, a força concentrada de sua consciência penetrou no plano da existência que a mente comum não consegue alcançar. Então, conforme relatado nas escrituras, ele transcendeu a consciência de seu corpo e percebeu a relação entre o corpo, os sentidos e as diferentes faculdades da mente. Enquanto ele se dedicava intensamente à prática, sua percepção foi ficando tão concentrada que ele obteve a experiência direta dos conteúdos da sua mente, do seu ego e do seu intelecto. Por fim, ele penetrou no vasto reino da mente inconsciente, conhecido como *chitta*, onde encontrou os karmas adormecidos relacionados com seus milhares de vidas passadas. Mas nesse estado de profunda absorção espiritual, ele ficou desorientado. Apesar de ter a mente clara e aguçada, ele não sabia se estava sonhando ou se os conteúdos da sua mente inconsciente estavam sendo apresentados na tela da consciência pura.

Entretanto, quando ele concentrou ainda mais sua atenção, sua confusão desapareceu e ele percebeu que se encontrava no estado de absorção espiritual (*samadhi*). A consciência dele tinha transcendido a esfera do espaço e do tempo e ele estava sendo agraciado com a experiência intuitiva de seus karmas *sanchita*. Todas as suas vidas anteriores estavam diante dele e não havia nenhuma diferença entre elas e sua vida presente. Era como se o passado tivesse vindo para o presente e o presente tivesse entrado no passado.

Permitindo que sua consciência se expandisse ainda mais, ele retrocedeu ainda mais no tempo. Quanto mais ele procurava, mais ele descobria a respeito de si mesmo. Essa experiência chocou-o. Ficou impressionado com as inúmeras formas de vida que tivera no passado. Fora rei, mendigo, inseto, elefante, demônio, ser celestial e tudo o mais que existia entre uns e outros. Tinha magoado e sido magoado. Viu milhões de espíritos individuais — dos quais alguns ele tinha odiado e sido odiado por eles. Outros ele tinha amado e sido amado por eles. Tudo o que tinha acontecido com ele formara uma impressão e todas as impressões tinham sido armazenadas intactas. Mesmo havendo intervalos ocasionais de prazer, uma torrente de dor intensa fluía constantemente de todas essas experiências. Antes de alcançar esse estado, ele não tinha consciência das impressões armazenadas, e nem tampouco fora afetado por elas. Mas agora ele percebeu muito claramente que elas acabariam se manifestando e essa percepção o fez refletir sobre questões com as quais ele jamais imaginara um dia ocupar-se.

"Como e por que me envolvi com essa cadeia aparentemente interminável de karmas?", ele indagou-se. "Quão vasta é a nossa mente inconsciente para poder acomodar todas essas sementes kármicas! Que força preserva essas sementes e permite que elas germinem e cresçam em determinadas épocas, fazendo com que se manifestem como destino? Nem todos esses karmas adormecidos são despertados simultaneamente. Quem decide que grupo em particular deve ser ativado?"

Impressionado pelo número de seus karmas adormecidos, Jaigishavya desanimou. Ele compreendeu que em algum momento eles ganhariam força e se tornariam ativos, forçando-o a migrar de uma forma de vida para outra.

"Sou capaz de ver a história das milhões de vidas da minha transmigração", pensou, "mas ainda não consigo ver onde começa a jornada exterior da minha alma. Isso quer dizer que existem ainda outros karmas adormecidos fora da minha atual capacidade intuitiva. Não posso fazer nada com respeito aos karmas adormecidos que estão fora da minha consciência — mas será que tenho liberdade para apagar, reescrever, jogar fora ou reciclar os karmas adormecidos que identifiquei? Se tenho, como fazer isso?"

Enquanto Jaigishavya estava enredado na confusão de sua própria autodescoberta, um dos guias imortais, o sábio Avatya, percebeu que alguém estava precisando da sua ajuda. Esse sábio, atuando em nome do mestre primordial, Bhagavan Narayana, ajuda buscadores avançados que enredaram-se a tal ponto que nem as escrituras nem os mestres em forma humana podem ajudá-los. Mesmo estando sempre ligados à mente cósmica (*hiranyagarbha*), os sábios deste nível estão também ligados à mente de cada indivíduo.

Com a intenção de desfazer o último nó da ignorância do yogue, o sábio Avatya emergiu do poço da consciência universal e penetrou na consciência de Jaigishavya. Jaigishavya prostrou-se diante dele e o sábio Avatya ergueu-o carinhosamente e falou-lhe: "Você ficou impressionado ao descobrir a vastidão de seu campo kármico. Diga-me como posso ajudá-lo?"

Jaigishavya respondeu: "É desanimador constatar que mesmo depois de ter-me dedicado a praticar tão intensamente a yoga, eu ainda tenha tantos karmas armazenados na mente. E mesmo sabendo que eles estão na minha mente, não sei como me livrar deles."

O sábio Avatya contestou: "Devido à sua austeridade e prática da meditação, você foi capaz de penetrar na sua própria *chitta*, a grande mente inconsciente onde as impressões sutis de todos os seus atos passados estão armazenadas. Você está vendo conscientemente o seu inconsciente. Você acha que, estando acima deles, está vendo os conteúdos de sua mente, mas não está, pois está envolvido ativamente. Isso é maya. Eleve-se acima de maya e verá quem ou o que encontra-se além dela."

"Ó Oceano de Compaixão, como posso elevar-me acima de maya?"

"O primeiro passo para rasgar o véu de maya", explicou Avatya, "é aguçar o intelecto para que você possa entender claramente essa sua atração por conhecer o seu passado. Seu interesse pelo passado é indício do seu desejo de apropriar-se dele. E esse desejo de apropriar-se do passado deve-se a seu apego. Você sabe que a maior parte do seu passado é dolorosa. Logicamente, você não deveria desejar religar-se aos fatos dolorosos, mas mesmo assim sente-se atraído por eles. Por quê? Porque você está apegado às suas ações, aos resultados delas e às suas impressões sutis. Você os guarda no campo de sua mente, apesar de saber o quanto são inúteis, feios e dolorosos. É assim que os karmas *sanchita* ganham força e se manifestam.

"As pessoas sentem atração por experiências dolorosas, desagradáveis e violentas, porque essas as ajudam a se religarem com seus pensamentos, lembranças e idéias do passado. Essa religação proporciona uma sensação de prazer. Exatamente como as pessoas comuns ouvem relatos dessas experiências por prazer, as pessoas espiritualizadas encontram prazer em senti-las quando em estado de absorção espiritual (*samadhi*). Para elas, isso é 'contar histórias', enquanto para você é 'experiência espiritual', mas em essência o processo é o mesmo. Ao ouvir tais relatos, as pessoas comuns despertam e representam suas impressões sutis. Se as impressões são fortes, elas são profundamente afetadas por elas. Como resultado disso, elas podem realizar uma ação correspondente, criando com isso mais karmas. É assim que seus karmas *sanchita* adormecidos transformam-se em karmas *prarabdha*, que são a tessitura do destino.

"Se você é negligente, essa experiência consciente de seu inconsciente pode enganá-lo. Na verdade, ela já o enganou. Você se religa aos seus karmas adormecidos quando pensa neles e procura entender quando, como e por que os criou originalmente.

Avatya percebeu que Jaigishavya estava ficando ainda mais confuso. "Deixe-me ajudá-lo", disse o sábio gentilmente. "Vou esclarecer as perguntas que já existem, ainda que de forma confusa, em sua mente. Isso vai ajudá-lo a meditar sobre elas e encontrar as respostas."

"Responda-me, quantos karmas você tem? Você se lembra de quando realizou sua primeira ação, colheu seus frutos e armazenou a impressão em sua mente? De quando ela se tornou ativa e o motivou a praticar a próxima seqüência de ações? Quando foi que você se tornou consciente do ciclo de ações kármicas — do karma ativo para o potencial e para o adormecido e de volta ao ativo?"

Jaigishavya respondeu: "Senhor, eu não sei quantos karmas eu acumulei em forma adormecida nem quando realizei minha primeira ação. Também não sei como nem quando criei as impressões. E faço ainda menos idéia de como o ciclo do karma foi colocado em movimento."

"Então, diga-me", pediu o sábio Avatya, "você consegue classificar seus karmas adormecidos?"

"Sim. Os karmas adormecidos são dolorosos ou prazerosos, indesejáveis ou desejáveis, difíceis ou fáceis de lidar."

"Agora diga-me, qual a categoria de karmas adormecidos que é maior: a dos dolorosos ou dos prazerosos?"

"A dos dolorosos", respondeu Jaigishavya. "Mesmo os prazerosos são contagiados pela dor. Mesmo uma lembrança agradável emociona-me, porque existe um desejo de recapturar os momentos agradáveis — mas o passado é passado e isso é doloroso."

O sábio Avatya sorriu e disse: "Essa resposta é o resultado de sua análise e introspecção profundas. Quando cheguei, você estava simplesmente recontando seus karmas *sanchita*. Agora você já adquiriu alguma perspectiva. Fortaleça-a pela contemplação desta verdade: todas as *samskaras* são dolorosas. Todos os seres presos no remoinho kármico tendem a sentir dor. Deixe de identificar-se com seus karmas.

"Você fortaleceu a idéia de que era um realizador de ações e sua ansiedade com respeito aos resultados das ações o fez sofrer muito enquanto as realizava. Quando você não alcançava os resultados almejados, sua decepção o deixava infeliz e sua preocupação com reter os resultados de suas ações também o fazia infeliz. Dessa maneira toda ação que você realizava vinha acompanhada de impressões de infelicidade. Você precisa entender que todo karma contém um certo grau de infelicidade. O verdadeiro conhecimento está em conhecer a natureza inerente aos karmas e não eles próprios. Esse tipo de conhecimento o libertará dos efeitos de seus karmas adormecidos."

Avatya prosseguiu com essas instruções por algum tempo. "Sempre que uma lembrança lhe trouxer sofrimento ou entusiasmo", o sábio advertiu, "é seu apego que está energizando o karma adormecido correspondente. Neutralize imediatamente esse karma com o poder do desapego.

"O apego", ele explicou, "é como os nutrientes dos quais a semente precisa para germinar. Se você deixa de dar a ela esses nutrientes, a semente do karma adormecido perderá sua capacidade de transformar-se em destino. Mas alguns karmas adormecidos são tão potentes que mesmo que você não tenha nenhum apego consciente a eles, ainda assim eles encontram um meio para se manifestar como destino. Com relação a esses karmas potentes, não basta simplesmente manter-se desapegado deles. A prática do desapego é uma medida preventiva passiva que só funciona com os karmas fracos.

"Para neutralizar o efeito dos karmas adormecidos potentes", prosseguiu o sábio, "você terá de comprometer-se com uma prática sistemática que tem de ser também intensa. Durante essa prática, você terá de reunir toda a sua força de vontade e determinação (*sankalpa shakti*) para conseguir levá-la a cabo, independentemente do número de obstáculos que possa ter de enfrentar. Portanto, o desapego (*vairagya*) e a prática (*abhyasa*) são os meios para você se libertar dos seus karmas adormecidos."

Tendo acabado de transmitir esses conhecimentos, Avatya desapareceu. A confusão e o desânimo de Jaigishavya se dispersaram e ele redobrou seu compromisso com as disciplinas espirituais. Ele perseverou até o dia em que se tornou um *yogishvara*, senhor dos yogues — totalmente livre de todos os karmas e seus resultados.

Vamos rever os casos relatados no Capítulo 1 à luz desse último. Mestres como Sri Swami Sadanand e Swamiji (Sri Swami Rama) têm poder para penetrar nos planos sutis do nosso ser, onde se encontram tanto os karmas adormecidos quanto os ativos. Se tivermos o karma positivo para estarmos em sua companhia e prendermos sua atenção, esses mestres nos mostrarão como neutralizar os karmas *sanchita* indesejáveis antes de eles ganharem força e se manifestarem como karmas *prarabdha* ou do destino.

No caso da perda de visão de minha mãe, seus karmas adormecidos despertaram e se manifestaram como destino. Era tarde demais para os remédios poderem ajudá-la. Ela precisava da ajuda de uma fonte extraordinária — do sol, que é o olho do universo. Minha mãe não conhecia o mantra *aditya hridayam* nem estava em condições de recitá-lo. Embora eu tivesse tanto o conhecimento quanto estava em condições para recitá-lo, eu era jovem e imaturo e minha simples recitação não pode ter sido a causa subjacente da recuperação da sua visão. No entanto, exatamente como um mestre transmite o poder do mantra abençoando o discípulo durante a sua iniciação no mantra, a força invisível das bênçãos de Sri Sadanandji serviu de agente entre minha mãe e o poder de cura do mantra *aditya hridayam*, no qual o bom santo era perito. (*Aditya hridayam* quer dizer "o coração do sol".) Uma nova força kármica criada pelo mantra interrompeu o fluxo dos karmas *prarabdha* e neutralizou os karmas restantes, que se encontravam ainda em sua forma *sanchita*. Assim, minha mãe sarou em três dias.

No caso do homem com epilepsia, Swami Sadanandji orientou-o de modo a impedir que seus karmas se manifestassem como destino pela prática do serviço abnegado. Por meio dessa prática, ele criou um conjunto de novos karmas e um antídoto para a dor da epilepsia. O mesmo aconteceu quando o santo fez com que o jovem perdesse o trem. Pela ajuda a alguém que já estava a serviço de Deus, o jovem neutralizou seus karmas adormecidos que teriam se manifestado como destino no dia seguinte se o santo não o tivesse protegido sob suas asas (apesar de não sabermos se esse karma foi destruído para sempre ou simplesmente adiado).

O incidente envolvendo Laura é mais complicado. Eu não fazia nenhuma idéia de que ia sofrer um acidente naquele dia em particular. Só Swamiji sabia o que iria acontecer. Mas a experiência me permite afirmar com certeza que estive muito próximo da morte ou de ficar gravemente ferido. A prática que Swamiji me instruiu para fazer em Rishikesh tem como propósito induzir a vitória sobre a morte e a doença. A força protetora que eu vi em estado de devaneio tanto durante a prática quanto durante o acontecimento real era inatingível porém visível. Pudemos tirar várias conclusões dessa experiência e de sua relação com o karma, mas todas elas simplesmente levantaram outras questões e, portanto, o enigma da mudança no comportamento de Laura permaneceu sem solução. Entretanto, podemos supor que pela recitação de mantras, orações e bênçãos dos santos, os karmas adormecidos podem ser alterados ou neutralizados.

Karma Ativo (Prarabdha)

Os karmas do destino, os karmas ativos, dificilmente podem ser alterados. Eles são como flechas já disparadas e, como elas seguem a velocidade do tempo, é quase impossível alterar sua direção. As leis que governam o karma *prarabdha* são semelhantes às duas primeiras leis do movimento de Newton. A primeira delas afirma que um objeto movendo-se em linha reta tenderá a continuar em linha reta, a menos que sofra a interferência de uma força externa. Um objeto em movimento tenderá a continuar em movimento e um objeto em repouso tenderá a continuar em repouso, a menos que sofra a interferência de uma força externa. Isso é conhecido como princípio da inércia — para que uma força altere o movimento de um objeto, ela precisa antes vencer a inércia do objeto. O mesmo vale para os karmas que formam o nosso destino. Eles continuarão movendo-se numa determinada direção e a uma determinada velocidade, a menos que sofram a interferência de uma força externa.

De acordo com a segunda lei de Newton, um objeto muda de direção quando uma força é aplicada sobre ele. A mudança do movimento depende da magnitude da força e do volume do objeto. Quanto maior for o volume do objeto, mais difícil será colocá-lo em movimento ou alterar sua velocidade. Portanto, a mudança no movimento de um objeto pesado será menor sob a aplicação de uma determinada força do que a mudança no movimento de um objeto leve.

Na literatura yogue encontram-se fábulas e parábolas sobre situações kármicas. Em algumas delas, grandes mestres e até mesmo encarnações divinas não conseguem vencer a inércia dos karmas ativos: mesmo conhecendo os detalhes do destino de uma pessoa, eles não conseguem interferir nem na sua direção nem na sua velocidade. Em outros casos, eles mudaram a direção, reduziram a velocidade ou fizeram parar por completo, ajudando com isso a pessoa a escapar antes de o destino desferir o seu golpe. Os relatos seguintes ilustram a dinâmica do karma *prarabdha*.

Há cerca de quatrocentos anos um homem chamado Maluk Das vivia nas planícies do norte da Índia. Ele se ocupava inteiramente com o cultivo da terra e a criação de gado e não tinha tempo para participar de atividades religiosas. Sua vida simples ocupava-o inteiramente e ele nunca pensava em questões mais abrangentes. Ele nem sequer sabia se acreditava em Deus, no destino e no renascimento.

Karmas Adormecidos, Ativos e Potenciais 35

Numa manhã quente e úmida, ele decidiu tirar um tempo para descansar. Era o *adhik mas*, mês no qual os devotos hindus se dedicam à leitura das escrituras, ao canto e à meditação. Um *pandit* local estava recitando as escrituras debaixo de uma árvore, puxando um grupo de aldeãos e Maluk Das resolveu juntar-se a eles.

Durante a recitação, o *pandit* disse: "O destino é inevitável. Temos de aceitar o prazer ou a dor que o destino nos traz, pois não há outro jeito. Se, de acordo com o nosso karma, é para sermos felizes, seremos felizes. Se é para sermos infelizes, seremos infelizes. Não passaremos fome se é para termos comida. O ser humano não tem nenhuma liberdade de escolha, mas terá de passar por aquilo que o destino lhe reserva."

Maluk Das ficou intrigado e, por isso, desafiou o *pandit*: "Você está dizendo isso só porque está escrito aí nesse livro ou você tem provas?"

É óbvio que o *pandit* tinha algum conhecimento intuitivo, pois respondeu: "A prova é esta: hoje não é para você passar fome. Não importa o que venha a fazer, você terá comida."

Maluk Das tomou isso como um desafio. "Não vou comer, não importa o que aconteça", ele disse. "Uma ação não pode ser realizada a não ser que alguém a realize. E quem realiza uma ação tem liberdade de escolha. Hoje vou provar isso a você."

Orgulhoso de sua decisão, Maluk Das deixou o agrupamento. Era quase hora do seu almoço. Ele estava decidido a não comer e, por isso, desviou-se da aldeia e encaminhou-se para a floresta densa que havia nas proximidades, onde se escondeu entre os galhos de uma árvore muito alta e acomodou-se para ficar ali até o anoitecer. Logo ele começou a ouvir vozes, que foram ficando cada vez mais altas, até virem diretamente debaixo de sua árvore. Espiando através dos galhos, Maluk Das viu três homens fazendo pratos com as folhas da árvore na qual estava escondido. Eles lavaram as mãos no rio que por ali corria, colocaram comida nos pratos e estavam prestes a começar a refeição quando um tigre subitamente rugiu nas proximidades. Em pânico, os viajantes saltaram por sobre o rio e desapareceram na floresta, abandonando a comida.

Maluk Das suspeitou que o *pandit* tivesse arranjado essa cena para induzi-lo a comer, mas isso apenas fez aumentar sua determinação de não deixar-se enganar. Ele acomodou-se mais firmemente entre os galhos e continuou esperando. Em pouco tempo, três outros homens pararam debaixo de sua árvore. Pela aparência e fala deles, ele concluiu que eram ladrões. "Como Deus é benevolente!", disse um deles. "Até mesmo numa floresta densa como esta, ele toma conta de nós. Ninguém a não ser Deus serviria comida a gente como nós."

"Não seja tolo", disse um outro. "Alguém pode estar nos perseguindo e tentando nos matar. Tenho certeza de que esta comida foi envenenada." E o terceiro disse: "Acho que você tem razão. E suspeito que a pessoa esteja em algum lugar aqui por perto. Vamos encontrá-la e fazer com que coma esta comida — isto vai servir-lhe de lição."

E assim os três ladrões puseram-se a procurar a pessoa que tinha deixado a comida. Não demorou muito para um deles notar a presença de Maluk Das escondido entre os galhos. Ele chamou seus colegas e juntos eles obrigaram Maluk Das a descer da árvore. O agricultor tentou explicar-lhes por que estava ali, mas é claro que os ladrões não acreditaram nele. Deram-lhe alguns tapas e, em seguida, dois deles forçaram-no a descer e abriram-lhe a boca, enquanto o terceiro empurrou-lhe a comida goela abaixo, fazendo com que ele engolisse a comida de cada um dos pratos. Mantiveram-no preso por mais um tempo para ver se ele mostraria sinais de envenenamento. Uma vez assegurados de que a comida era boa, eles comeram o que sobrou e o deixaram partir.

Quando Maluk Das retornou à aldeia, já estava quase escuro. No dia seguinte, ele encontrou o *pandit*, obteve mais conhecimentos e comprometeu-se com a prática espiritual. Finalmente, ele acabou se tornando um dos maiores santos do norte da Índia. Kade Ki Mai, um famoso templo da Mãe Divina associada ao santo Maluk Das, existe até hoje perto da cidade de Allahabad.

Essa lenda demonstra a força implacável do destino. O karma *prarabdha* de Maluk Das era tão potente que ele não conseguiu mudá-lo, apesar de todos os seus esforços. Seu karma principal era que ele tinha de comer e seus karmas secundários levaram-no aos acontecimentos que resultaram na ingestão de comida. Desse ponto de vista, tanto os viajantes quanto os ladrões foram instrumentos nas mãos de seu destino. Maluk Das não pôde aplicar uma força suficientemente forte para vencer a inércia do seu destino e ele prosseguiu na mesma direção em que estava se movendo. O seguinte relato, que aparece nos Puranas, dá-nos outra pista da força do destino.

Era uma vez um mendigo que não tinha muito êxito em sua ocupação. Mesmo depois de mendigar o dia todo, ele mal conseguia o suficiente para comer, de maneira que andava meio morto de fome. Certo dia, Parvati, a esposa do Senhor Shiva, percebeu a miséria do mendigo e, profundamente comovida, pediu a Shiva que o ajudasse.

"Ó Parvati", respondeu Shiva, "a pobreza e a riqueza, a infelicidade e a felicidade e todas as outras condições de vida desejáveis e indesejáveis são resultados do destino da pessoa, que não pode ser mudado. Não importa o que você faça, esse pobre homem não pode ser ajudado."

Mas Parvati argumentou: "Ó Senhor, vós sois onisciente e capaz de fazer qualquer coisa que desejardes. Além do mais, a lei do amor e da compaixão é mais forte do que a lei do karma. Por que deveria um ser divino como vós ignorar este homem simplesmente por ele não ter um bom karma *prarabdha*? Se uma pessoa não está em condições de ajudar a si mesma, isso é mais um motivo para que os outros a ajudem. Por favor, ajudai-o."

A força da súplica de sua amada esposa abrandou Shiva. "Então, diga-me, de que maneira você quer que eu o ajude?"

"Senhor, fazei com que ele fique rico", ela implorou. "Colocai um montão de moedas de ouro no caminho pelo qual ele passa todos os dias."

"Que assim seja", respondeu Shiva.

Imediatamente surgiu um montão de moedas de ouro no caminho bem diante do nariz do mendigo.

Naquele mesmo instante, o mendigo pensou: "Como é que os cegos caminham? Como é que eles conseguem andar? Vou procurar descobrir." E o mendigo fechou os olhos e passou por cima do monte de moedas de ouro sem vê-las.

Parvati voltou-se de novo para Shiva. "Senhor, dai a ele mais uma chance. Foi por acidente que ele começou a pensar nos cegos. Por favor, usai vosso poder intuitivo para colocar as moedas exatamente no lugar em que ele deve pisar, mesmo que esteja com os olhos fechados."

"Como queira, Parvati", Shiva respondeu e calculando exatamente o lugar onde o homem devia pisar, ele colocou um monte de moedas de ouro bem no caminho do mendigo. Naquele mesmo instante, o mendigo teve outra idéia: "Já vi alguns cegos andarem sem bengala", pensou. "Eles chegam até mesmo a dar grandes saltos. Como será que fazem isso?" Com esse pensamento, ele jogou fora sua bengala e começou a dar grandes saltos para a frente. E foi assim que ele saltou por cima do monte de moedas e ficou muito feliz com sua façanha.

"Veja, Parvati", disse Shiva. "O destino dele é tão pesado e move-se com uma velocidade tal que nem você e nem eu podemos fazê-lo parar. Você não se lembra de quando o Rei Nala estava passando dificuldades, até mesmo o peixe assado que ele estava a ponto de consumir acabou de volta no rio? Vamos ajudar naquilo que nossos esforços possam dar resultados."
Em seguida, Shiva e Parvati foram embora.

Por sua própria natureza, o destino é fixo e quase invencível. Porém, em alguns casos ele pode ser alterado se for aplicada força suficiente — e com suficiente habilidade — conforme ilustra a história seguinte.

Era uma vez um casal de brâmanes que tinha instrução, mas era muito pobre. O único bem que o casal possuía era um cavalo. Como não tinha nenhum pedaço de terra, o único meio de alimentar o cavalo era obtendo permissão do proprietário para cortar um pouco do capim de suas terras ou procurando conseguir um pouco dos terrenos públicos em que ele abundava.

Todos os dias, a mulher saía à procura de um pouco de capim para o cavalo, enquanto o marido ia de porta em porta à procura de alunos para ensinar, normalmente em vão. A pobreza e a fome fizeram o casal envelhecer rapidamente, mas o cavalo, devido aos cuidados que recebia, manteve-se forte e saudável.

Num dia quente de verão, o grande sábio Narada estava visitando a aldeia e bateu à porta do casal para pedir esmola. Apesar de constrangido por não poder lhe oferecer uma refeição, o casal o recebeu calorosamente, oferecendo-lhe tudo o que tinha, que era apenas sal e água. Quando o casal lhe expôs a situação em que vivia, Narada investigou seus karmas *prarabdha* e descobriu que a única propriedade que o destino lhes reservara era aquele cavalo. Também investigou seus karmas adormecidos e viu que havia centenas de cavalos enfileirados, mas que nenhum deles se manifestaria enquanto aquele cavalo vivesse.

Por isso, Narada disse ao casal que vendesse o cavalo. Eles relutaram, mas sabiam que Narada não os aconselharia a fazer algo que não fosse para o bem deles. O sábio também lhes disse que, sendo o marido um brâmane culto, sua primeira obrigação era difundir conhecimentos. Ele devia fazer de sua casa uma escola, onde acomodaria os alunos para ensiná-los. Dessa maneira, o casal se libertaria do fardo de ter de cuidar de um cavalo e de bater de porta em porta à procura de alunos.

Com a ajuda de Narada o cavalo foi vendido no final do dia. O casal comprou comida e anunciou que o brâmane receberia alunos. As pessoas ficaram surpresas, pois sabiam o quanto o casal amava aquele cavalo. A venda dele foi interpretada de todas as maneiras possíveis, mas a maioria das pessoas concluiu que durante todos aqueles anos não havia reconhecido a grandeza e a generosidade do casal. Os aldeãos acreditaram que o casal tinha vendido seu valioso bem para dar educação aos outros. As pessoas começaram a sussurrar entre si: "Que vergonha não termos respeitado o amor abnegado deles. Achamos que eram um fardo. Devíamos tê-los respeitado."

Compadecendo-se do casal, não demorou para que alguém doasse um cavalo ao brâmane. Seguindo as instruções de Narada, ele prontamente o vendeu e usou os recursos para ampliar a escola. Quase imediatamente, outra pessoa doou outro cavalo, que o brâmane também vendeu. Convencidos da grandeza e do altruísmo do brâmane, os aldeãos providenciaram para que ele sempre tivesse um cavalo, de maneira que a cada vez que ele vendia um, outro lhe era dado. A escola continuou a ser expandida. Embora os bens do casal fossem apenas um cavalo, a pobreza deles desapareceu para sempre e eles viveram uma vida próspera e feliz.

Aqui o destino não foi evitado, mas habilmente alterado. As instruções de Narada e a confiança do casal no sábio permitiram-lhe criar uma força maior do que a força do destino — que no caso deles tinha induzido a pobreza. Além do mais, a mesma força os ajudou a vencer a inércia que mantinha seus karmas adormecidos em repouso e esses karmas começaram a se transformar em destino mais rapidamente do que se essa força não tivesse sido aplicada.

Karma Potencial (Kriyamana)

Os karmas potenciais são como flechas ainda não produzidas, apesar de já existirem a fábrica, o perito fazedor de flechas, as matérias-primas e os compradores. O ego é a fábrica, os sentidos são os fazedores de flechas, a ansiedade é a matéria-prima e a mente movida pelo desejo é o consumidor. A nossa faculdade de discriminação é que deve tomar a decisão final quanto às flechas serem produzidas ou não. Se forem produzidas, serão armazenadas como karmas adormecidos (*sanchita*) e, mais cedo ou mais tarde, tenderão a ser disparadas, resultando no destino — karma *prarabdha*.

Os karmas *kriyamana* (potenciais) estão em nossas mãos, desde que tenhamos o conhecimento e a capacidade para exercermos devidamente nossa faculdade de discriminação. Apesar de o nível atual de nosso conhecimento e capacidade ser grandemente influenciado por nossos karmas ativos, como seres humanos temos um alto grau de livre-arbítrio e de poder de escolha. Temos o privilégio de pensar linearmente, bem como o poder de discriminar. Pelo uso desses dons, podemos evitar criar karmas potenciais indesejáveis e criar karmas potenciais que possam sem demora neutralizar o impacto de nossos karmas adormecidos negativos e mesmo do nosso destino. O *Srimad Bhagavatam* relata um caso que esclarece esse processo.

Angira e Narada são dois dos sábios mais enigmáticos da tradição védica e ambos são famosos pelo nível de profundidade — incompreensível para as mentes comuns — dos ensinamentos a seus discípulos.

Certo dia esses dois sábios visitaram o palácio do rei Chitra Ketu e foram recebidos pelo rei sábio e suas muitas esposas. Os sábios perguntaram sobre a saúde e a felicidade da família real, bem como sobre a prosperidade do reino.

E o rei respondeu: "Por todo o reino, reina a paz, a prosperidade e a satisfação. As nuvens trazem chuva no seu devido tempo e as colheitas são abundantes. Há uma força moral tão grande e é tanto o contentamento entre os cidadãos que as autoridades têm pouco a fazer para a manutenção da ordem.

"Mas apesar disso, sábios misericordiosos, meu coração está vazio. Estou ficando velho e não tenho nenhum filho. A idéia de morrer sem deixar meu reino nas mãos de um sucessor digno me deixa infeliz."

"A vida é um mistério", respondeu Angira. "É um rio no qual se misturam a alegria e a tristeza. Mas bem no fundo existe uma alegria real e duradoura. O ser humano nasce para mergulhar fundo no rio da vida, encontrar o tesouro escondido e alcançar a realização eterna."

"Meu bom Angira, eu entendo o que você está dizendo", respondeu o rei. "Mas ainda assim esse desejo ocupa minha mente noite e dia. Quando ele for realizado, buscarei o caminho da paz eterna com a mente apaziguada e tranqüila. Ó sábios, eu vos peço um filho."

Mas Angira replicou: "Não convém a uma pessoa instruída como vós atuar contra o destino, especialmente se ele já está trabalhando a vosso favor. É fácil servir aos outros abnegadamente quando não se tem interesse próprio. É muito difícil vencer o desejo de ter filhos próprios, assim como o apego a eles. Quando se alcança algo no curso normal do próprio destino, não se deve ter um forte apego a esse objeto. Mas quando esse objeto é conseguido por meio de um esforço, ele é demasiadamente valorizado. Se ele é destruído, as emoções são profundamente tocadas. Meu conselho é que rendei-vos ao destino. Abandonai o desejo de ter um filho e buscai o propósito supremo da vida."

Mas o rei não se deixou persuadir. "Já me sinto tão infeliz que mal consigo pensar em outra coisa", disse ele. "Como posso seguir um caminho espiritual com a mente nesse estado? Uma vez que tenha conseguido realizar o meu desejo e meu reino estiver em poder do meu sucessor legítimo, seguirei com alegria o caminho da renúncia."

Finalmente, compadecido, Angira concordou, dizendo: "Que o senhor seja agraciado com um filho."

E então, prevendo, Narada acrescentou: "Esse filho será a causa tanto de alegria quanto de infelicidade."

Passados alguns meses, o rei ficou encantado ao descobrir que uma de suas esposas tinha concebido, e quando o bebê nasceu houve muita comemoração em todo o reino. Mas à medida que o pai orgulhoso começou a passar cada vez mais tempo com o bebê e sua mãe, as outras esposas ficaram enciumadas. E com seu envolvimento cada vez mais profundo com o filho e a mãe dele, o rei alimentou o ciúme das esposas sem filhos a ponto de elas ficarem tão enfurecidas que envenenaram o príncipe herdeiro.

A notícia terrível foi um grande golpe no coração do rei e seu sofrimento foi mais forte do que ele. Homens sábios e pessoas de boas intenções ofereceram-lhe condolências, mas em vão. Os dias passavam sem que o rei os percebesse. A presença dos conselheiros fazia com que ele se sentisse pior, e suas condolências eram como sal sobre uma ferida aberta. Cada expressão de simpatia reavivava suas lembranças.

Depois de algum tempo, Angira e Narada voltaram a aparecer, mas o rei estava tão desorientado por causa do seu sofrimento que não os reconheceu. Mas mesmo assim, a mera presença deles aliviou seu coração atormentado. Ele sentiu como se eles tivessem trazido uma brisa fresca que suavemente varrera sua tristeza e, com isso, achou que eles tinham algo de notável.

"Quem são vocês?", ele perguntou. "A presença de vocês curou as minhas feridas. Por favor, dêem-se a conhecer para que eu possa homenageá-los."

"Sou Angira", respondeu o sábio, "e este é Narada. Estivemos aqui um tempo atrás para vos oferecer o dom supremo do conhecimento, mas vós não estáveis preparado para recebê-lo. Vosso desejo de ter um filho era tão forte que não pudemos vos ajudar. Vós estáveis convencido de que só seria possível colocar os pés no caminho do bem supremo depois de ter vosso desejo realizado."

Ao ouvir essas palavras, o rei prostrou-se aos pés deles e perguntou humildemente: "O que significa tudo isso? Por que existe sofrimento na vida e em todas as relações que fazem parte desta vida? Onde se encontra a verdadeira paz — dentro ou fora deste mundo? Por que tudo é tão decepcionante? Ajudem-me, por favor. Estou suplicando."

Angira respondeu: "Eu vos disse, da outra vez, que a vida é um mistério. As experiências, tanto as agradáveis quanto as dolorosas, que se manifestam no presente, são resultados do nosso destino. Os karmas ativos determinam quando, onde e como nós nascemos, por quanto tempo vivemos neste corpo e que grandes acontecimentos enfrentaremos nesta vida. Com respeito a esses grupos de karmas, não há muita coisa que possamos fazer.

"Mas guardado nos recessos mais profundos de nossa mente inconsciente existe um outro tipo de karma, os adormecidos. Eles são incontáveis. Durante a jornada de muitas vidas, nós realizamos tantas ações e colhemos tantos frutos que armazenamos as impressões de todos os tipos de karmas. É possível despertar qualquer um deles e deixar que se manifeste no presente sob a forma de karma ativo, desde que tenhamos o forte desejo de despertá-los.

"Foi o que aconteceu convosco. O destino não tinha planejado um filho para vós nesta vida. Se vos tivésseis contentado em não ter um filho, poderíeis ter concluído o vosso destino e alcançado a libertação da sujeição ao karma. Mas o forte desejo obrigou-vos a buscar um filho no depósito dos karmas adormecidos e esse depósito jaz num plano mais profundo do que os karmas *prarabdha* que constituem vosso destino. Nesse depósito, os únicos karmas adormecidos que poderiam vos dar um filho estavam contaminados pela dor e pela desgraça."

Perplexo, o rei perguntou: "Se vocês sabiam disso, por que abençoaram meu desejo de ter um filho?"

"Nós éramos vossos hóspedes", Angira explicou. "Vós nos servistes com carinho e respeito. Vós fôreis nosso discípulo por longo tempo e, em retribuição aos vossos serviços, nós devíamos dar-vos algo. Nós vos oferecemos o conhecimento do desapego, mas vós preferistes ter um filho. Como vosso mestre, Narada vos advertiu que vosso filho seria a causa tanto de alegrias quanto de tristezas, mas vosso forte desejo não vos permitiu aceitar os conselhos dele.

"Era nosso dever guiar-vos na direção certa, mas, apesar de nossas advertências, vós insististes no desejo de ter um filho. De maneira que, depois de vos advertir com veemência, nós vos concedemos o tipo de bênção que vós desejáveis. Isso foi o resultado do vosso karma potencial. Vós o criastes e só vós sois responsável por ele."

O rei entendeu. "Eu me rendo diante de vocês", ele disse. "Por favor, ensinem-me. O que devo fazer para deixar de ser infeliz?"

"*Vairagya* [desapego] é o único jeito", Angira respondeu. "Com a ajuda dele, podeis evitar os efeitos de vossa perda. A falta de desapego obriga-vos a vos agarrar ao objeto do vosso desejo e esse apego torna-se a causa da raiva, do ódio, da confusão, da perda de memória e, por último, da perda de vosso poder de discriminação. Em tal estado mental, não sereis capaz de deixar de criar outra longa cadeia de karmas potenciais e, com isso, fortalecer o círculo de karmas no qual já estais enredado.

"Mas uma vez que estiverdes firmado sobre o desapego (*vairagya*), vossa mente ficará apaziguada e vossos sentidos estarão sob controle. E vossa percepção se voltará para dentro. Vossa mente vos acompanhará por todo o tempo, como um amigo benevolente. Vós podereis então realizar vossas ações, mas também tereis tempo para perseguir vossos propósitos mais elevados."

Narada descreveu então como a força da providência guia aqueles que têm vínculos kármicos, atraindo-os para situações que automaticamente criam um vínculo terreno que pode ser agradável ou desagradável. "Esses relacionamentos existem por um tempo e logo se desfazem", acrescentou Narada. "Uma pessoa com verdadeira sabedoria permanece constante em todas as fases dos relacionamentos: no início, quando as relações são estabelecidas; quando o karma resultante desenvolve-se e dispersa o aroma do prazer ou da dor; e quando esses relacionamentos são desfeitos. Por todas essas etapas, aquele que tem a verdadeira sabedoria não perde tempo e energia remoendo conflitos emocionais. E com isso, ele está livre das perdas e ganhos."

O rei então perguntou: "Como posso evitar cometer esses erros no futuro? Como posso evitar cair nas armadilhas dos karmas potenciais, especialmente daqueles que atraem uma longa sucessão de desgraças?"

"A mente é poderosa e volátil, facilmente conduzida por desejos ou preocupações", o sábio respondeu. "No nível do inconsciente, ela sabe que tipo de karmas e de impressões sutis existe armazenado no seu interior, mas por curiosidade, ansiedade e apego, ela é atraída para as impressões ocultas do passado. Como muitos de nossos desejos têm relação com nossos karmas passados, o apego a esses karmas está sempre presente. Por isso, mesmo que não tenhamos consciência delas, essas impressões desencadeiam nossos processos pensantes e, ao fazer isso, num nível sutil começamos a pensar nos objetos que têm relação com nossos karmas passados. Isso desperta nosso apego a esses objetos. Uma vez desperto, o desejo por esses objetos aumenta. Em resposta a esses desejos, realizamos ações e acabamos nos karmas *kriyamana*."

"Mas como podemos impedir que esses karmas potenciais sejam criados originalmente?", perguntou o rei.

"Há muitas coisas que podemos fazer para impedir a criação de karmas potenciais que não contribuem para o nosso crescimento espiritual", Narada respondeu. E, em seguida, fez ao rei as seguintes recomendações:

Renunciar ao desejo e ao apego, bem como à companhia daqueles que são dominados pelo desejo e pelo apego.

Procurar estar na companhia de pessoas sábias e assimilar o que elas ensinam com seus pensamentos, palavras e ações.

Lembrar que nada neste mundo nos pertence. Podemos usar os objetos materiais que nos são oferecidos por nosso destino, mas em algum momento temos de abandoná-los para prosseguirmos nosso caminho.

Criar o hábito de ficar a sós, pois só assim poderemos contemplar a realidade suprema sem nos distrairmos.

Afastar-se dos relacionamentos mundanos uma vez cumpridos os deveres e as obrigações.

Não reconhecer-se como sujeito das ações que os traços de personalidade nos levam a praticar.

Renunciar aos frutos das próprias ações e elevar-se acima da dança da dualidade: sucesso e fracasso, perdas e ganhos, respeito e insulto, recompensa e castigo, etc.

"Abraçando essas instruções", Narada disse ao rei, "podereis realizar ações sem ser motivado pelo desejo e pelo apego. Esses karmas tornam-se impotentes — não têm poder para se desenvolverem."

Sob a orientação de Angira e Narada, o rei Chitra Ketu tomou a firme decisão de seguir o caminho da luz. Pela prática intensa de *sadhana* e do desapego (*vairagya*), sua visão de mundo transformou-se e, por fim, ele alcançou a total libertação de seus atos kármicos.

De acordo com essa história, em certas áreas da vida temos pouca ou nenhuma liberdade de escolha — alguns acontecimentos estão totalmente nas mãos do destino. O rei Chitra Ketu não teria sido capaz de gerar um filho unicamente por seu próprio esforço. Ele só pôde ter um filho por meio da intervenção dos sábios Angira e Narada, mas mesmo as bênçãos concedidas por esses dois grandes sábios não conseguiram alterar por completo o curso de seu destino. Por um curto período de tempo, o rei foi agraciado com a presença de um filho, mas logo ele caiu na corrente de seu principal karma *prarabdha*, que o destinava a permanecer sem filho. A realização de seu desejo, que foi possível porque seu karma potencial despertou seus karmas adormecidos para ter um filho, trouxe consigo sofrimento.

O empenho do rei Chitra Ketu também nos mostra que a principal linha do destino é normalmente circundada e apoiada por inúmeros karmas secundários. O principal karma *prarabdha* atua como um magneto, para o qual os karmas secundários são atraídos como limalhas de ferro. Como é difícil separar os karmas secundários dos principais karmas *prarabdha*, eles normalmente atuam em perfeita coordenação, apoiando-se mutuamente.

O mesmo vale para os karmas adormecidos. Um forte karma adormecido é normalmente circundado por muitos karmas adormecidos secundários. Quando o principal deles desperta e torna-se destino, os secundários despertam automaticamente. É por isso que os mestres sábios nos dizem que se não conhecemos inteiramente o mistério e a dinâmica do karma, é melhor não tentar alterá-lo. A graça divina percorre o curso do destino e é essa graça que nos dá força para resistir às tempestades provocadas por nossos karmas.

Fazem parte de nosso destino situações e circunstâncias que não podemos alterar. É melhor aceitá-las e respeitá-las como elas são. Se você tem sabedoria e capacidade para mudá-las para melhor, vá em frente — mas procure não infringir as leis da natureza. A natureza é o repositório supremo do destino de cada indivíduo e ela só dá aquilo que você está precisando. Se você quiser tentar neutralizar ou modificar seu destino, terá de tomar cuidado para não confundir seus desejos com suas necessidades.

Mesmo que você entre em contato com a providência divina que opera fora da lei do destino, não peça mais do que poderá suportar. Até mesmo as pessoas sábias obedecem à lei do destino. Quando é absolutamente necessário, elas podem alterá-la um pouco, mas tomam cuidado para não desrespeitá-la. O senhor Krishna demonstrou isso de maneira notável ao atuar como condutor da carruagem de Arjuna na guerra dos Mahabharata.

Muitos anos antes, Arjuna havia incendiado uma grande floresta para aplacar o deus do fogo. Uma espécie muito especial de cobras vivia naquela floresta há milhares de anos e o fogo só deixou uma viva. Essa única sobrevivente dedicou sua vida a vingar a morte de sua espécie, atacando Arjuna. Ela sabia que não podia enfrentar essa disputa em combates corpo-a-corpo. Também sabia que havia em todo o país um único guerreiro igual a Arjuna: Karna, que era também inimigo feroz de Arjuna. E ela sabia que não podia matar Arjuna sem a ajuda de Karna. De maneira que a cobra aproximou-se do guerreiro e ofereceu sua ajuda, mas Karna recusou-a. Ele queria derrotar Arjuna sem a ajuda de ninguém.

Muitos anos depois, a cobra morreu, mas não seu desejo de vingança. Esse era tão forte que mesmo depois de sua morte, sua consciência continuou procurando um meio para se vingar. E esse desejo, junto com a crença firme da cobra na capacidade de Karna para matar Arjuna em combate, levou sua alma a habitar uma das flechas de Karna.

Quando Karna e Arjuna viram-se frente a frente no campo de batalha, Karna disparou aquela flecha especial. Como ela estava imbuída do desejo de vingança da cobra, ela acertou em cheio no alvo. Karna disparou-a precisamente na fronte de Arjuna. O senhor Krishna, que era o condutor da carruagem de Arjuna, bem como seu guia e protetor, sabia que era o destino de Arjuna ser atingido pela cobra. A flecha já tinha sido disparada. Imediatamente, Krishna fez com que os cavalos dobrassem os joelhos e o leito da carruagem se inclinasse algumas polegadas. Nesse instante, a flecha transformou-se na cobra e atingiu a coroa de ouro de Arjuna em lugar de sua fronte.

Krishna tinha a capacidade de alterar o destino de quem quer que fosse. Ele poderia ter alterado a mente da cobra; poderia ter destruído a flecha imbuída da consciência da cobra; poderia ter desviado o alvo de Karna; poderia até mesmo ter fechado o corpo de Arjuna contra as flechas. Mas ele não fez nada disso. Ele respeitou o destino, deixando-o manifestar-se inteiramente. No último instante, ele recorreu à sua habilidade no manejo dos cavalos para salvar Arjuna. Esse era o dever de Krishna como condutor da carruagem.

———

Histórias como as relatadas neste capítulo nos levam a entender que a lei do karma foi determinada pela natureza com a ajuda divina. Em circunstâncias normais, essa lei não pode ser violada — não conheci nenhum grande mestre que tenha tentado mudar o próprio destino. Os mestres trabalham sempre com seus karmas potenciais e adormecidos e respeitam o destino na forma em que ele se apresenta. Quando movidos pela compaixão e pela bondade que lhes é inerente, os mestres iluminados só consideram a possibilidade de mudar os karmas *sanchita* ou *prarabdha* de outra pessoa depois de terem levado em consideração a vontade divina.

É importante que tenhamos pelo menos um conhecimento rudimentar desses três karmas e suas inter-relações, mas isso não basta para nos possibilitar a elaboração de um plano para dominá-los. Para fazer isso, precisamos entender a força que dá origem aos karmas, que os armazena intactos e que acaba fazendo com que eles se manifestem na esfera do espaço e do tempo. Isso nos leva a estudar a mente, pois, de acordo com os yogues, é nela que o drama kármico é criado, representado e vivido.

CAPÍTULO 3

Como a Mente Cria os Karmas

De acordo com a ciência da yoga, tudo o que existe no universo, inclusive a mente, evoluiu da natureza primordial (*prakriti*), que é eterna e todo-abrangente. Ela é a causa do nosso mundo manifesto. É a origem e a matriz de todo o universo e de tudo o que existe nele. É a forma suprema de energia. A energia da *prakriti* é mais refinada do que, por exemplo, a eletricidade, o magnetismo e a gravidade. (De acordo com a yoga, essas forças pertencem ao mundo manifesto e não são absolutamente energia, mas formas sutis da matéria.) A *prakriti* tem três forças intrínsecas: *sattva*, *rajas* e *tamas*. Enquanto a *prakriti* encontra-se em sua forma não-manifesta, essas forças intrínsecas permanecem em perfeito equilíbrio. Quando esse equilíbrio é perturbado, a *prakriti* torna-se manifesta.

Tudo o que existe no mundo manifesto é constituído por *sattva*, *rajas* e *tamas* em diferentes graus. *Sattva* é a força caracterizada pela luz, pela iluminação, pelo movimento ascendente, pela clareza, pela pureza, pelo calor e pela inspiração. *Rajas* é a força de atividade, movimento, instabilidade, agitação e pulsação. *Tamas* é a força de escuridão, peso, inércia, movimento descendente, confusão, lentidão, estagnação e ausência de entusiasmo. *Sattva* e *tamas* parecem ser forças opostas, enquanto *rajas* é a força da atividade ou do movimento. Pela presença de *rajas*, a vibração é uma característica inerente à *prakriti*.

Ao contrário das vibrações evidentes no mundo material, a vibração em *prakriti* não tem nem causa nem meio pelo qual vibrar. Enquanto *sattva*, *rajas* e *tamas* estão em equilíbrio, esse princípio básico de vibração permanece imóvel. Mas uma perturbação nesse equilíbrio dá origem a uma explosão de todos os pares de opostos, fazendo surgir o mundo objetivo em toda a sua diversidade.

A mente — tanto a mente cósmica quanto a mente individual — é a primeira a emergir da imobilidade da *prakriti*; o mundo material surge então da mente. Segundo a teoria da evolução da yoga, um efeito tem de conter todas as qualidades e características de sua causa e não pode ter qualidades e características que não existem em sua causa. Como a mente é gerada pela *prakriti*, ela contém as três forças intrínsecas à *prakriti*. Se essas forças alcançam um estado de equilíbrio perfeito, a mente deixa de existir enquanto tal para fundir-se em *prakriti*.

Por esse mesmo motivo, enquanto a mente existe, essas forças não podem estar em perfeito equilíbrio. É da natureza da mente ser dominada por uma das três forças, *sattva*, *rajas* ou *tamas*, enquanto as outras duas subordinam-se a ela. A interação dessas três forças faz com que a mente passe continuamente de um estado a outro e nunca funcione de modo perfeitamente equilibrado. A intervalos e em diferentes graus ela é distraída, entorpecida, perturbada, aguçada ou bem controlada.

A mente bem controlada surge quando *sattva* é a força dominante e *rajas* e *tamas* atuam minimamente. Quando a proporção de *rajas* e *tamas* aumenta e o predomínio de *sattva* diminui um pouco, a mente passa de um estado de perfeito controle para um estado de relativo aguçamento. Quando *rajas* e *tamas* aumentam a ponto de *sattva* ficar apenas um pouco mais forte, a mente fica perturbada. Quando *tamas* é a força dominante e *rajas* e *sattva* são subordinadas, a mente fica entorpecida. Quando *rajas* predomina, a mente entra em estado de distração. Normalmente, a mente permanece em um ou mais dos três primeiros estados — distração, entorpecimento ou perturbação —, tornando-se apenas ocasionalmente aguçada e raramente bem controlada.

Como nossos pensamentos, palavras e ações são confusos, organizados ou tranqüilos, dependendo do estado de nossa mente, esses estados mentais exercem um papel importante na formação de nossos karmas. Por exemplo, quando a mente se encontra em estado de distração, de entorpecimento ou de perturbação, nossos atos, assim como seus resultados, são confusos. Os atos realizados sob a influência de um estado de confusão mental serão acompanhados de *samskaras* (impressões sutis) de confusão e seus resultados serão igualmente confusos. Mesmo que tais ações e suas impressões sejam positivas, elas serão contagiadas pela confusão. Um estado de confusão mental nos leva a criar uma grande quantidade de karmas fracos que, por sua vez, são armazenados na mente inconsciente de um modo desorganizado.

A criação de samskaras

Para entendermos melhor essa questão, vamos examinar como duas pessoas — uma com a mente perturbada e a outra com a mente aguçada — podem lidar com a mesma situação. Ambas são profissionais e ambas gostam de chocolate. As duas estão diante da decisão quanto a que barra de chocolate comprar — uma decisão sem importância, mas que demonstra claramente as ações e interações dos vários tipos de karma.

Em nosso primeiro exemplo, um prestador de serviços de computação — a quem vamos chamar de Fred — está trabalhando em casa. A mulher dele saiu para trabalhar, deixando a caminho as crianças na escola. Bem no começo da tarde, Fred recebe o telefonema de um cliente que está furioso porque um defeito no trabalho de Fred está causando problemas no seu *software*. O cliente quer que o problema seja resolvido imediatamente e Fred concorda em ir atendê-lo no mesmo instante. Mas assim que desliga o telefone, ele volta a tocar. Estão telefonando da escola para dizer que está prevista uma tempestade de neve e que ele devia ir buscar os filhos. Como Fred pretendia manter o compromisso com seu cliente, ele telefona para sua mulher pedindo que ela busque as crianças; mas, para sua decepção, ela informa que seu carro está com um problema e que ela mesma terá de arranjar uma carona para voltar para casa.

Não podendo recusar nenhuma das solicitações, ele fica agitado ao tentar decidir o que fazer para que sua família chegue em casa em segurança e, ao mesmo tempo, ir ao escritório do seu cliente. Afinal, ele decide ir primeiro buscar as crianças na escola. Elas estão mal-humoradas e querem entreter-se com jogos de computador durante a nevasca. A loja de jogos fica ao lado do supermercado e no caminho do escritório da sua esposa. Ele decide parar e deixar que as crianças escolham seus jogos enquanto ele compra leite e outros produtos que a família vai necessitar enquanto durar a tempestade de neve.

A caminho da seção de laticínios, Fred passa pela prateleira de guloseimas. Chocolate é a sua guloseima preferida e, por isso, ele pára sem pensar. Há vinte diferentes tipos de barra de chocolate expostos. Ele não tinha nenhuma intenção de comprar chocolate quando entrou no supermercado, mas sua mente está tão distraída e as barras de chocolate são tão atraentes que ele começa a olhar para elas. Ele pode ver claramente todas as vinte variedades de chocolate, das quais dezoito prendem sua atenção pela familiaridade que tem com elas. Compra-as ou não? Ele não quer comprar todas; portanto, quais dispensar? Sua marca preferida, importada da Bélgica, está em oferta, mas ele já tem um bom suprimento dela em casa. Depois de examinar muitas vezes as diferentes embalagens, ele elimina mais duas marcas, mas continua atraído para as quinze restantes. Continua sendo demais. Ele olha outra vez e, por fim, pega quatro marcas ao acaso e coloca-as no carrinho. Dá uma olhada à sua volta. Parece tão aflito e confuso que não tem nenhuma idéia de onde ir em seguida. Já nem se lembra mais do que foi fazer no supermercado. Com um pouco de esforço, ele se reorienta, pega os produtos que planejou comprar e vai à loja ao lado buscar as crianças.

Vamos agora analisar os karmas relacionados com o chocolate que Fred criou no estado de confusão mental em que se encontrava, de que tipo eram e como eles foram armazenados no campo de sua memória e tornaram-se *samskaras*. No nível sensorial, ele notou a existência de vinte diferentes tipos de chocolate. Nesse primeiro nível, nenhum dos chocolates era nem bom nem ruim, caro ou barato, mais ou menos desejável. As impressões sutis dos chocolates nesse nível eram vagas e acompanhadas de incerteza e despropósito. Vamos chamar a esse primeiro nível de "*samskara* de chocolate número 1". Em seguida, Fred concentrou sua atenção, distinguiu um chocolate do outro e reconheceu suas características — superior, inferior, caro, barato, desconhecido, etc. Essa é a "*samskara* de chocolate número 2" de Fred. Ele então começou a analisar melhor os chocolates. E identificou dezoito marcas. Baseado em suas experiências, surgiu dessa identificação o reconhecimento de suas preferências. As lembranças relacionadas com as dezoito variedades de chocolate precipitaram-se, obrigando-o a comprar chocolate. Mas havia ainda demasiadamente muitas marcas. Com essa sensação, que acompanha a identificação e o julgamento, ele guardou as dezoito variedades de chocolate no campo de sua memória como "*samskara* de chocolate número 3".

A seguir, Fred transferiu o arquivo do chocolate para a faculdade decisiva de sua mente (conhecida como *buddhi*) para tomar a decisão final quanto a que marca comprar. Mas essa capacidade de decisão também estava confusa. A melhor marca de acordo com a faculdade decisiva era a importada da Bélgica. Mas imediatamente surgiu outro pensamento: "Temos uma grande quantidade dessa marca de chocolate em nossa geladeira; não devo comprar mais." Em seguida, essa faculdade eliminou três barras de chocolate como sendo inferiores, mas continuou confusa quanto a quais escolher entre as quinze marcas restantes. Impelido pelo desejo de comer chocolate, mas incapaz de tomar uma decisão clara, a faculdade decisiva motivou Fred a pegar ao acaso quatro barras de chocolate. Fred arquivou essa informação no campo de sua memória como "*samskara* de chocolate número 4" com uma nota identificando as quatro barras que acabou comprando. No final das contas, podemos ver que Fred juntou 77 *samskaras* de chocolate, embora só tenha comprado quatro marcas. As primeiras vinte *samskaras*, criadas no nível sensorial, são bastante vagas. As *samskaras* relacionadas com as quatro marcas que comprou são mais fortes, mas contêm idéias de confusão e fortuidade. As *samskaras* intermediárias vão gradativamente ficando mais fortes, mas são desprovidas da *samskara* do propósito.

Vamos imaginar agora uma advogada — a quem chamaremos Elaine — que terminou suas tarefas num estado mental tranqüilo. Ela também é informada que vai haver uma tempestade de neve e decide parar na mercearia a caminho de casa para comprar seu chocolate preferido. Ela se dirige diretamente para a prateleira das guloseimas. No nível sensorial, ela nota as vinte diferentes marcas de barras de chocolate à mostra, mas ela tem tanta certeza do que quer que mal percebe os outros dezenove tipos. Ela identifica o que foi comprar, pega-o da prateleira e vai diretamente ao caixa.

No caso dela também existem impressões de vinte variedades de chocolate gravadas como "*samskara* de chocolate número 1", mas são tão vagas e leves que mal chegam a ocupar algum espaço no campo de sua memória. As versões 2 e 3 contêm apenas um chocolate e também quase não ocupam espaço na memória dela. A "*samskara* de chocolate número 4" contém uma impressão forte e nítida e está arquivada de maneira tão diferenciada que Elaine consegue reavê-la a qualquer momento, quase sem nenhum esforço. Portanto, ela criou apenas 23 "*samskaras* de chocolate", das quais 22 não têm nenhum poder para motivá-la a comprar chocolate no futuro. A vigésima terceira é dotada de clareza e propósito, mas só pode motivá-la se ela a desejar. A mente de Fred, por sua vez, se debaterá entre as "*samskaras* de chocolate" confusas que ele criou, deixando-o sem outra escolha a não ser comportar-se como escravo delas.

Esse exemplo pode parecer banal, mas explica como criamos *samskaras* (impressões sutis). Se a mente de Fred fica entulhada com todas as "*samskaras* de chocolate" inúteis que ele criou no espaço de dois minutos, pense nas inúmeras impressões sutis com que entulhamos nossas mentes na longa jornada da vida. Quanto mais instável é a mente e maior o número de objetos sensoriais com os quais ela entra em contato, maior será o número de impressões sutis criadas e armazenadas. E quando as ações vêm originalmente acompanhadas de confusão, suas impressões sutis correspondentes também são permeadas de confusão. As lembranças relacionadas a essas impressões sutis inspiram por sua vez a mente consciente e os sentidos a realizarem atos igualmente confusos.

Parece que o problema de Fred começou quando ele recebeu os telefonemas do seu cliente e da escola dos filhos, e que se aprofundou quando ele falou com a mulher e ficou pior ainda quando as crianças pediram jogos de computador: essa cadeia de acontecimentos perturbou-lhe o equilíbrio. Segundo a psicologia da yoga, a força *rajas* de Fred agitou-se quando seu equilíbrio foi perturbado: *sattva* e *tamas* imediatamente entraram em forte declínio. Se o temperamento de Fred fosse predominantemente *sattva*, ele teria mantido seu equilíbrio, apesar de todas essas circunstâncias externas, pois quando *sattva* predomina, *rajas* é mantido sob controle e não pode ir além de um certo nível.

Supõe-se muitas vezes que a perda de equilíbrio seja desencadeada no nível da bioquímica. Em outras palavras, que as circunstâncias externas fazem subir nossos níveis de adrenalina e que isso nos deixa agitados. No entanto, algumas pessoas não sofrem surtos de adrenalina em situações que perturbam outras. Não é nem a circunstância externa nem a adrenalina que perturbam nosso equilíbrio, mas a interação de *sattva*, *rajas* e *tamas* e o predomínio de um sobre os outros. As pessoas nas quais predomina a energia *sattva* são tranqüilas, enquanto as dominadas pela energia *rajas* são agitadas e as dominadas pela energia *tamas* são deprimidas.

Libertação

Se quisermos que nossa mente funcione de maneira equilibrada, temos de aumentar primeiro o nível de energia *sattva* para que as de *rajas* e *tamas* se subordinem a ela. Sob a influência da energia *sattva*, podemos pensar com clareza, tomar as decisões certas e concentrar nossa vontade e determinação. Isso cria karmas positivos e impede a formação de karmas negativos. Mas para isso é preciso criar um ambiente que atraia as energias *sattva* de todas as direções e repila as energias *rajas* e *tamas*. Para fazer isso, temos de ser vigilantes em todas as áreas da nossa vida: como dormimos, o que comemos, o que lemos, que exercícios físicos praticamos e como nos relacionamos com os outros. Em resumo, temos de colocar uma qualidade *sattva* em todos os nossos atos — físicos, verbais e mentais.

Na área da alimentação, por exemplo, temos de ingerir alimentos com energia *sattva* e evitar os de energias *rajas* e *tamas*. Os alimentos de energia *sattva* são leves, frescos e facilmente digeríveis, são nutritivos e cozidos no ponto. Os alimentos de energia *rajas* têm sabor forte, são fortemente condimentados, quentes e salgados, irritam o sistema digestivo, perturbam o sono e causam sonhos desagradáveis. Os alimentos de energia *tamas* são insípidos, pesados, cozidos demais e compostos de tantos ingredientes que é difícil identificar o principal; são carregados de aditivos e conservantes e podem ser excessivamente doces; são difíceis de digerir e causam preguiça e sonolência.

O modo com que nos divertimos também diz muito sobre o nosso temperamento. O entretenimento que agrada aos sentidos, ao mesmo tempo que os acalma, tem um efeito tranqüilizador sobre a mente, não se fixa na mente, inspira espiritualmente e contém a qualidade de energia *sattva*. O entretenimento do tipo *rajas* é excitante, está associado a ruídos, luzes e cores fortes, move-se rapidamente, é violento, romântico ou trágico — ele agita nossas emoções. O entretenimento do tipo *tamas* é insípido, tedioso e leva à inércia.

Se prestamos atenção a essas e a outras áreas da nossa vida, com o propósito de aumentar o nível de energia *sattva*, podemos fazer com que nossa mente fique equilibrada, centrada, aguçada e penetrante. A mente bem equilibrada em *sattva* tem então a capacidade de resistir aos conflitos internos causados pelos efeitos *rajas* e *tamas* de nossos karmas adormecidos e ativos. Mesmo que nossos esforços para aumentar o nível de energia *sattva* não destruam esses karmas, se adotamos um estilo de vida com base na energia *sattva*, os efeitos *rajas* e *tamas* desses karmas serão significativamente neutralizados.

A mente do tipo *sattva* está livre do apego, da raiva, do desejo, do ódio, do ciúme, da ganância e do ego. Como a mente é mais sutil do que o corpo e os sentidos, a mente *sattva* enviará ondas de energia *sattva* para o corpo e os sentidos e, com isso, eles ficarão livres de suas compulsões impelidas pelas energias *rajas* e *tamas*. Mesmo as necessidades básicas como comer, dormir, fazer sexo e autopreservar-se passarão a ser dominadas pela energia *sattva*, deixando com isso pouco espaço para a confusão emocional em nossas vidas. E o mais importante é que o aumento no nível de energia *sattva* reduz significativamente nossa confusão.

Patanjali, o autor do *Yoga Sutra*, e Vyasa, seu principal comentador, afirmam que a mente confusa não está preparada para seguir o caminho da yoga. Essa mente é dominada pelas energias *tamas* e *rajas* e não consegue ver o bem supremo e, por isso, tem pouca inclinação para realizar atos que o tenham como propósito. Mesmo que ela realize esses atos, ela cria tanta confusão que as impressões leves armazenadas em forma de karma adormecido ficam totalmente contagiadas. Em resumo, mesmo que os atos auspiciosos realizados por uma pessoa confusa criem karmas favoráveis ao crescimento espiritual, eles não estarão totalmente livres dos efeitos negativos. Práticas preparatórias podem, entretanto, purificar e disciplinar a mente para que ela não fique oscilando entre os estados de perturbação, distração e entorpecimento.

Isso não quer dizer que não devemos tentar fazer qualquer bem antes de termos nos libertado totalmente da confusão. É verdade que nossas ações atuais e futuras são basicamente motivadas por nosso destino — nossos karmas *prarabdha* — e com relação a eles não temos praticamente nenhuma liberdade de escolha. Mas o karma *prarabdha* principal vem sempre acompanhado de muitas linhas kármicas secundárias, diante das quais temos maior liberdade de escolha.

Para esclarecer a relação entre a linha principal e as secundárias do karma *prarabdha*, vamos voltar à história do brâmane e seu querido cavalo. Fazia parte do destino dele ter um cavalo. Seguindo o conselho do sábio Narada, o brâmane venceu o apego a seu cavalo e com força de vontade e determinação livrou-se dele. Ao fazer isso, ele manipulou seus karmas secundários, que faziam com que sua mulher passasse seus dias à procura de comida para o cavalo e ele à procura de discípulos para conseguir o sustento dos dois e não como uma forma de serviço abnegado.

Uma outra história, esta extraída do *Srimad Bhagavatam*, vai esclarecer melhor a relação entre as linhas kármicas principal e secundária do nosso destino. Ela demonstrará como nossas ações atuais podem influenciar nossos karmas ativos secundários.

Logo depois do nascimento do Senhor Krishna como filho do rei Yadu, um jovem sábio de nome Gargya casou-se com uma princesa da mesma linhagem. Eles viveram felizes juntos na capital, Mathura, até que com o consentimento de sua esposa, o sábio entregou-se a uma intensa prática espiritual que exigia que ele comesse muito pouco e vivesse em celibato. Ele havia explicado à sua esposa a natureza da prática, mas ela não sabia que ia ser tão difícil segui-la. Com o passar do tempo, ela começou a se sentir abandonada e deprimida, e acabou confessando sua infelicidade para seus irmãos.

Devido à sua dieta rígida, o sábio tinha emagrecido e parecia muito fraco. Dizia-se que ele era impotente e que estava usando a prática para ocultar seu problema. Por isso, os irmãos da princesa, provavelmente impelidos por seus karmas ativos, começaram a molestá-lo e insultá-lo. O sábio manteve-se calmo e tranqüilo por um longo tempo, mas o molestamento continuou. Por fim, ele perdeu a paciência: "Minha virilidade ficará comprovada quando meu filho nascer", ele disse. "Meu filho será invencível para todo o clã de Yadu e nem mesmo o Senhor Narayana, que em breve encarnará nesse clã na forma de Krishna, conseguirá vencê-lo."

Dizendo isso, o sábio abandonou Mathura e seguiu para o Oeste. Ele percorreu todo o caminho até onde hoje fica a Turquia, onde estabeleceu-se e depois de alguns anos teve um filho com uma mulher de uma família de vaqueiros. Logo depois do nascimento do filho, o sábio voltou à sua terra natal e retomou sua prática espiritual. Enquanto isso seu filho, Kalayavana, cresceu e tornou-se um grande guerreiro. Ele conquistou a região a leste da Turquia e expandiu seu império até a fronteira oeste com a Índia, cujos vários reis indianos tornaram-se seus amigos.

Neste ínterim, o Senhor Krishna nasceu em Mathura na linhagem do rei Yadu e cresceu até tornar-se um guerreiro invencível. Mas por motivos políticos, muitos reis indianos voltaram-se contra ele, unindo-se para consolidar seu poder. Eles pediram a Kalayavana que os ajudasse. Kalayavana não tinha nenhum motivo pessoal para considerar Krishna seu inimigo. Na verdade, Krishna sempre o tratara como amigo e parente e, como ambos faziam parte da linhagem do rei Yadu, Kalayavana tinha motivo para aliar-se a Krishna. Mas sua amizade com os reis indianos que eram inimigos de Krishna, bem como o conhecimento de que os parentes de Krishna tinham perseguido seu pai, persuadiram Kalayavana a voltar-se contra Krishna para vingar a humilhação sofrida por seu pai. Além do mais, ele sabia que não podia ser vencido por ninguém que pertencesse à linhagem do rei Yadu. De maneira que Kalayavana aliou-se aos inimigos de Krishna para atacar Mathura.

Krishna, que era onisciente e onipotente, sabia que não podia vencer Kalayavana sem violar a lei do destino — e assim, à custa de grande destruição, dor e desonra, ele fugiu do campo de batalha. O invencível Kalayavana perseguiu-o, na tentativa de capturá-lo. Como um covarde, Krishna continuou correndo, com Kalayavana em seus calcanhares. Depois de vários dias, Krishna entrou correndo numa grande gruta. Na escuridão da gruta um homem dormia. Krishna jogou seu manto sobre o homem e escondeu-se no fundo da gruta. Em alguns minutos, Kalayavana entrou correndo. Ao reconhecer o manto dourado de Krishna, ele chutou o homem adormecido. No instante em que o homem despertou, de seus olhos saíram chamas que incendiaram Kalayavana. Dessa forma, o inimigo de Krishna foi destruído sem que a lei do destino fosse desrespeitada.

Antes de tentarmos analisar a lei do destino e sua relação com os karmas secundários, vamos ver quem era o homem adormecido na gruta. Muitos milhares de anos antes, no *satya-yuga*, ele era conhecido como o rei Muchukunda — um rei nobre, valente guerreiro e yogue consumado. O rei Muchukunda governava um país que fazia fronteira com o Himalaia ao norte e o oceano nas três outras direções e, enquanto ele viveu neste mundo, sua consciência esteve imersa no *Bhagavan Narayana*. Por vários séculos, ele trabalhou noite e dia para trazer tanto prosperidade quanto felicidade a seu reino. Ele aniquilou as forças da destruição e da negatividade e trouxe paz e prosperidade para todo o reino. O ódio e a cobiça foram banidos de seu reino. E até mesmo os seres celestiais ansiavam por nascer na terra que ele governava.

Indra, o rei dos deuses, visitou um dia o rei Muchukunda e, para reverenciá-lo, ofereceu-lhe a realização de um desejo. Ao que o rei respondeu: "Se o meu reino está em segurança e meu tempo de servir acabou, por favor, conceda-me um longo repouso." Então, Indra lhe ensinou a técnica de preservação do corpo pela prática do sono do yogue (*yoga-nidra*) e indicou-lhe uma gruta onde ele poderia dormir em paz. Indra determinou também que aquele que o obrigasse a despertar seria reduzido a cinzas por seu fogo de yogue. Assim, o rei caiu num sono insone com a consciência inteiramente imersa no *Bhagavan Narayana*.

Quando Kalayavana despertou o yogue com um chute e foi, conseqüentemente, reduzido a cinzas, Krishna surgiu do fundo da gruta, reluzindo em seu pleno esplendor. O rei Muchukunda não podia acreditar no que seus olhos estavam vendo: ali estava a forma suprema de beleza e bem-aventurança, personificada e parada diante dele. Todo o seu ser foi tomado por uma indescritível alegria sublime. Ao perceber que Krishna era o Senhor da Vida, ele prostrou-se a seus pés e recebeu a graça suprema. Então, guiado por Krishna, ele retirou-se para as profundezas do Himalaia, onde entregou-se a *mahasamadhi*, abandonando o corpo da maneira mais decantada dos yogues.

De acordo com essa lenda, a linha principal do destino de Kalayavana assegurava que ele não seria derrotado ou morto por ninguém da linhagem do rei Yadu, nem mesmo por Krishna. Seus karmas secundários levaram-no a ter como inimigos os amigos de Krishna e deram origem ao desejo de vingar seu pai. O principal karma ativo de Muchukunda determinava que ele se veria face a face com seu Senhor. Krishna, por outro lado, estava livre de todos os karmas e era motivado apenas por sua própria sabedoria e compaixão.

Kalayavana poderia ter escolhido lidar sabiamente com seus amigos, pois era livre para fazê-lo. Por si mesmo o karma secundário da amizade com os inimigos de Krishna não era suficientemente forte para despertar animosidade contra Krishna. Mas seu karma secundário combinado com outro — seu desejo de vingar o insulto a seu pai — assumiu o controle e inspirou-o a lutar contra Krishna, criando com isso um novo campo de karmas potenciais. Os karmas potenciais tornam-se imediatamente karmas adormecidos e mais tarde manifestam-se como potentes karmas ativos.

Pela prática das disciplinas espirituais do amor, da compaixão, do perdão e do desapego — e, o que é mais importante, pelo uso de sua própria força de vontade e determinação — Kalayavana poderia ter evitado a luta com Krishna. Mas ele tinha negligenciado as virtudes espirituais, e essa negligência ajudou seus karmas secundários na criação de um novo conjunto de karmas potenciais. Esses karmas potenciais, juntamente com os karmas adormecidos já armazenados, mantiveram as principais linhas do seu destino e vice-versa. Por fim, Kalayavana ficou tão enredado nessa teia que não conseguiu libertar-se. E, em conseqüência disso, sua vida chegou ao fim.

De maneira similar, a principal linha do destino de Muchukunda era enfrentar Krishna cara a cara, não incendiar Kalayavana. Se estivesse sob o domínio da energia *rajas*, ele teria ficado tão furioso por ter sido desperto com um chute que teria ignorado Krishna, mas como ele era bem treinado nas virtudes superiores do desapego, do perdão e da compaixão, sua mente não se concentrou na pessoa que o despertara. Não dando quase nenhuma atenção a Kalayavana, ele não permitiu que nenhum de seus karmas secundários o influenciassem de modo adverso.

A criação de karmas positivos

Podemos usar nossa força de vontade e determinação para tomarmos uma decisão e agirmos de acordo com essa decisão, mesmo quando os karmas secundários armazenados no passado estejam exercendo influência sobre nós no presente. Depende inteiramente de nós a criação de karmas potenciais que sejam propícios para o nosso crescimento. Se decidimos fazer um esforço para realizar ações do tipo *sattva*, tais ações trarão frutos *sattva*, que nos ajudarão a purificar a mente e minimizar a confusão.

Não há nada no nosso destino que não tenha sido criado por nós mesmos. Os resultados dos atos que praticamos há muito tempo manifestam-se hoje na forma do nosso destino atual, exatamente como as ações que realizamos hoje se manifestarão no nosso destino futuro. Mesmo que nossa mente esteja confusa, precisamos fazer um esforço para realizar ações que nos tragam bem-estar. Não devemos nunca nos esquecer que como seres humanos nós temos um alto grau de liberdade de escolha. Com esforço podemos concentrar por um momento nossa mente dispersa para tomarmos a decisão de praticar apenas ações íntegras. É possível que nem sempre tenhamos êxito, mas podemos continuar tentando.

A assunção desse compromisso e a manutenção dele por um tempo prolongado é o que conhecemos como prática espiritual. As escrituras dizem que é a prática que faz a perfeição — pela prática de atos positivos, nós criamos karmas potenciais positivos, que funcionam como antídotos contra os karmas que dispersaram nossa mente. Esses karmas potenciais positivos ficarão armazenados na mente inconsciente na forma adormecida e mais tarde influenciarão nossas ações presentes e futuras. É por isso que temos de prestar atenção às nossas ações presentes e deixar de culpar os karmas por nossa confusão e dispersão. De acordo com a yoga, podemos incorporar três práticas espirituais às nossas vidas, as quais ajudarão muito a libertar o apego aos nossos karmas negativos: cultivar a atenção, exercitar o controle sobre os sentidos e fortalecer a força de vontade e determinação.

Criar o hábito de concentrar-se impede a prática de atos inúteis. Como as crianças, com freqüência estamos mais interessados em saber o que os outros estão fazendo do que em fazer o que temos de fazer. Isso nos leva a nos compararmos com os outros, o que, por sua vez, cria os complexos de superioridade e inferioridade e um ambiente no qual vicejam o ódio, o ciúme, a cobiça e a competitividade, sentimentos que poluem nossa mente e nos levam a praticar atos desnecessários. Realizando atos desnecessários, criamos karmas desnecessários que perpetuam nossa confusão e complicam nossas vidas.

O passo seguinte é praticar *pratyahara* (retirada ou afastamento dos sentidos). A mente não pode executar seus planos sem a ajuda dos sentidos. A mente *sattva* utiliza-os para realizar as tarefas que escolheu. Entretanto, quando é dominada pela energia *tamas*, a mente torna-se descuidada e começa a depender dos sentidos. Os sentidos tiram proveito dessa dependência — suas necessidades tornam-se premências e essas atraem a mente para objetos prazerosos. Por fim, a mente torna-se submissa aos sentidos. Essa é uma receita para se ter uma mente dispersa — os sentidos estão sempre usando a mente para entrar em contato, perceber, sentir e julgar o prazer e a dor contidos nos objetos sensoriais. E nós realizamos nossas ações sob a influência desses impulsos sensoriais, criando com isso karmas potenciais contagiados pela compulsão e pela confusão.

Os sentidos são muitos e muito poderosos. Por proporcionar-nos uma pequena idéia do que parece ser prazeroso, os sentidos do paladar, do tato, do odor, da visão e da audição obrigam a mente a ir de um objeto a outro. Eles prometem grande satisfação e a mente acredita neles. Mas assim que a mente apreende um objeto, ela fica decepcionada — o prazer da posse não é tão profundo nem tão duradouro quanto ela esperava. Por sua própria experiência, a mente sabe que os prazeres sensoriais não têm nenhum valor real, mas ainda assim, sob a influência dos sentidos, ela se deixa atrair muitas e muitas vezes pelos encantos e tentações dos objetos, repetindo sempre com isso a experiência da decepção. Percebendo essa loucura, a mente pode decidir não perder tempo com tais atos, mas, compelida pelos sentidos, não atuar de acordo com essa decisão. Por fim, a mente fica frustrada e perde a confiança e o respeito por si mesma e continua a praticar atos sem saber por quê.

Para nos libertarmos desse círculo vicioso temos de disciplinar nossos sentidos. As escrituras nos dizem que "a única disciplina que tem condições para treinar e dominar os sentidos é a prática da yoga. Só pela prática da yoga a pessoa pode deixar de cair na armadilha da negligência e de enganar a si mesma. Só essa prática possibilita ao aspirante romper com o ciclo de nascimentos e mortes." (*Katha Upanishad* 2:3:11).

Em outras palavras, para libertarmos a mente desse ciclo infinito, temos de trabalhar com os nossos sentidos. Mas é impossível começarmos com todos ao mesmo tempo, especialmente quando eles já chegaram a dominar a mente. Temos de escolher um deles e nos concentrarmos nele para tê-lo sob controle.

No Bhagavad Gita, o Senhor Krishna nos aconselha a começar trabalhando com a língua, órgão responsável por dois sentidos — o paladar e a fala —, porque a influência do paladar supera todos os outros desejos e motiva muitas de nossas ações. Embora o paladar seja em geral associado à comida, na verdade tudo o que ingerimos tem um sabor. As origens do paladar em nossa língua experimentam o prazer relacionado com a comida, mas as experiências correspondentes aos outros órgãos sensoriais são, em última análise, saboreadas pela mente — e essas experiências são expressas pela língua na forma da fala. As palavras que saem de nossa língua são manifestações de nossos pensamentos, que são criados em resposta às nossas percepções e sensações sensoriais. Quer os expressemos ou não em voz alta, não podemos compreender nossos pensamentos e sentimentos sem colocá-los em palavras. Em resumo, não podemos pensar sem palavras, e as palavras são expressas em voz alta por meio da língua.

Assim, em algum nível toda experiência de prazer sensorial tem relação com a língua, e um meio de disciplinar os sentidos é disciplinando a língua pelo controle tanto da comida quanto da fala. Uma vez que essas estejam devidamente controladas, nossas ações são melhor organizadas e nossa vida fica menos complicada. Uma vida simples oferece menos oportunidades para a mente se confundir e se dispersar. E com uma mente melhor organizada e mais calma, podemos realizar ações que criam karmas positivos.

A terceira e mais importante ação que podemos praticar para superar a confusão mental é fortalecer nossa *sankalpa shakti* (força de vontade e determinação). A mesma mente que tem a capacidade para criar karmas (e para se deixar influenciar posteriormente por seus próprios karmas acumulados) também tem o poder de destruir karmas anteriores e reconstruí-los de acordo com um plano bem elaborado.

Normalmente nos rendemos ao poder do karma porque não temos consciência do poder da mente. Mas de acordo com a *jnana-yoga* (a yoga do conhecimento), os karmas são criados, mantidos e levados a cabo pelo poder mágico da mente. Ficar presos na rede de nossos karmas é como um mágico ficar hipnotizado por sua própria mágica. Em outras palavras, a mente é tanto a causa da sujeição quanto da libertação. A chave que revela o poder liberador da mente é a força de vontade e determinação (*sankalpa shakti*); o não-uso dessa força de vontade e determinação é a causa do sofrimento. Como seres humanos, temos capacidade para superarmos o sofrimento kármico criado por nós mesmos, desde que desenvolvamos plenamente nossa força de vontade e determinação (*sankalpa shakti*). Como ilustra a seguinte fábula extraída dos Puranas, mesmo aqueles que se conhecem bem criam sofrimentos duradouros para si mesmos se não utilizam sua força de vontade e determinação.

Rama era o rei ideal, que cuidava tanto das grandes quanto das pequenas necessidades de seus súditos. Um dia ele pediu que seu irmão, Lakshmana, fosse ver se havia alguém no pátio do palácio esperando para ser atendido por ele. Lakshmana foi olhar, mas não viu nada fora do comum. Rama, entretanto, não ficou satisfeito com a resposta e pediu a Lakshmana que fosse olhar outra vez.

Lakshmana foi de novo olhar da escadaria do palácio, mas não viu ninguém que parecesse ansioso ou infeliz. Então, enquanto estava ali parado e intrigado, ele viu um cão com uma aparência abatida e notou que ele estava ferido na cabeça. Quando Lakshmana se aproximou, o cão levantou-se e começou a chorar. Naquela época, os reis e autoridades tinham capacidade para entender a linguagem de outras criaturas, de maneira que Lakshmana dirigiu-se ao cão, perguntando por que estava chorando. O cão inclinou a cabeça e disse que queria a justiça de Rama; então, Lakshmana levou-o até o rei.

Reunindo seus conselheiros, Rama convidou o cão a falar francamente e sem medo. "Vossa majestade, vós sois nosso protetor e provedor de justiça", começou o cão. "Um mendigo chamado Sarvartha Siddha bateu-me na cabeça sem nenhum motivo. Eu vos peço justiça."

Sarvartha Siddha foi chamado imediatamente e convidado a apresentar sua versão do caso. Sem hesitar, o homem confessou: "Senhor, é verdade que bati no cão por raiva. Aconteceu quando eu estava indo pedir esmolas. Vinha caminhando há horas e estava com muita fome. Este animal estava sentado no caminho estreito. Quando lhe pedi que saísse para eu poder passar, ele não se moveu. Perdi as estribeiras e golpeei-o na cabeça. Errei e mereço ser punido."

Voltando-se para seus conselheiros, Rama lhes pediu que dessem ao homem o castigo apropriado. Mas, depois de alguns instantes de deliberação, eles responderam: "Este é um caso complicado que envolve um ser humano e um animal. Além do mais, este mendigo é um brâmane e, por isso, não pode ser castigado por nenhum meio que cause dor física. Não sabemos que castigo lhe aplicar, mas este cão buscou vossa proteção e vós tendes de oferecê-la."

Rama virou-se para o cão e perguntou se ele tinha algo a dizer. "Sim, vossa majestade", o cão respondeu. "Com vossa permissão, vou propor uma solução para o problema: que ele seja nomeado dirigente do mosteiro de Kalinger."

Para a surpresa de todos, Rama concordou. O mendigo, satisfeito com a punição recebida, montou no elefante oferecido por Rama e foi assumir seu novo posto. Aos conselheiros perplexos, pareceu que o mendigo tinha recebido uma recompensa por sua falta. Quando eles disseram isso a Rama, o rei pediu ao cão que revelasse o mistério e explicasse por que nomear o mendigo para dirigir o mosteiro de Kalinger era uma forma de puni-lo.

Sem hesitar por nenhum instante, o cão respondeu: "Vou explicar, vossa majestade. Na minha vida anterior fui dirigente daquele mosteiro. Recebi o cargo porque tinha nascido numa família de cultura e prestígio. Tinha estudado as escrituras e tinha o forte desejo de usar o cargo para minha própria realização espiritual, bem como para a dos monges e das pessoas que o mosteiro servia. Durante meu longo mandato, cuidei bem daqueles que trabalhavam sob minhas ordens. Venerava sinceramente a Deus. Mas apesar de todas essas boas ações, eu renasci como cão.

"Isso aconteceu porque eu não dei atenção às impressões mentais sutis que me faziam encontrar prazer no nome e na fama — apesar de ter também um forte desejo de libertar-me. Devido ao cargo que tinha, as pessoas me tratavam como se eu fosse um homem santo, e eu também passei a acreditar que era santo. Mas, no fundo do coração, eu sabia que meu cargo não tinha me transformado totalmente. Mas por uma questão de prestígio, eu fingia que tinha. Quando assumi o cargo, meu desejo de suprema sabedoria espiritual era bem forte. Se eu tivesse mantido minha força de vontade centrada na realização dessa meta a qualquer preço, teria com certeza alcançado a transformação que almejava. Mas eu dispersei minha força de vontade.

"Seguidores leais acreditavam na minha abnegação. Ofereciam-me donativos com propósitos religiosos e caritativos e eu os recebia em nome de Deus. Mas como me faltavam o autoconhecimento e a introspecção, eu comecei, com o passar do tempo, a usar parte desse dinheiro para meu próprio conforto. Cada vez que eu fazia isso, minha consciência me dizia que eu estava cometendo um erro, mas minha mente justificava a minha ação. 'Uma pessoa na minha posição precisa impressionar', dizia a mim mesmo. 'Meu prestígio é o prestígio do mosteiro Kalinger.' Minha consciência contrariava essas justificativas, mas eu não dava atenção a ela.

"Não ouvir a voz da minha consciência acabou minando tanto a minha força de vontade que mesmo sabendo distinguir o certo do errado — quais as ações que me levariam a ficar mais preso e quais as que me libertariam — eu não tinha mais controle sobre meus atos. Em vez de governar minha vida pela força de vontade e determinação, os encantos e tentações do mundo foram aos poucos se tornando minha força dominante. E com o tempo minha força de vontade ficou tão fraca que eu não tinha mais coragem nem para reconhecer a luta entre minha mente traiçoeira e minha consciência. O desejo de libertar-me cedeu lugar ao desejo de uma vida confortável. Comecei a comer comidas caras, a vestir roupas e ornamentos suntuosos e a desfrutar de todos os tipos de luxúria."

O cão fez uma pausa antes de concluir: "O mendigo que me agrediu é irado e violento e não tem nenhum controle sobre seus sentidos e apetites. Como dirigente do mosteiro, ele cairá na mesma armadilha que eu caí. Seus próprios karmas o punirão, exatamente como os meus me castigaram."

A fábula que acabamos de narrar ilustra o papel crucial da força de vontade e determinação (*sankalpa shakti*) tanto para o desenvolvimento quanto para a eliminação dos poderes intrínsecos que a mente tem para se libertar. De acordo com o sábio Vyasa, a mente contém sete capacidades intrínsecas, que são:

Shakti — a capacidade de ser e de vir a ser. Essa é a força básica necessária para o cumprimento de qualquer tarefa.

Cheshta — movimento proposital.

Jivana — a capacidade de reter a força vital e, conseqüentemente, manter um organismo vivo.

Parinama — a capacidade de continuar mudando de estado e de humor.

Nirodha — a capacidade para parar de mudar de um estado para outro. Essa é a capacidade que a mente tem para controlar e resgatar a si mesma mesmo quando parece estar totalmente desorganizada e perdida.

Samskara – a capacidade que a mente tem de armazenar impressões sutis de cada ação ou qualquer informação que ela capta de alguma fonte.

Dharma — a capacidade que faz a mente inclinar-se naturalmente para a liberdade e a satisfação interior.

Devido à falta de treinamento espiritual, normalmente nós só conhecemos o funcionamento da sexta força, *samskara*, mas como temos também as outras seis capacidades intrínsecas, existe sempre uma forma de cumprirmos nosso propósito. Independentemente do estado da mente — do seu grau de confusão ou clareza, de perturbação ou calma, de entorpecimento ou vivacidade, de inspiração ou depressão — nós podemos enfrentar o desafio de qualquer problema, desde que tenhamos acesso a essas forças intrínsecas. O treinamento espiritual proporciona esse acesso.

O sucesso em qualquer empreitada — seja ela espiritual ou material — resulta de cultivar a convicção de que temos capacidade para realizar qualquer coisa, para ser e nos tornar o que quisermos. Essa convicção nos introduz na primeira capacidade intrínseca da mente, *shakti*, que é a chave para se alcançar o domínio sobre as outras seis. Como mostra a fábula, *shakti* exerce o papel principal no desenvolvimento ou aniquilação das outras seis características. O cão, em sua vida anterior como dirigente do mosteiro, tinha inicialmente consciência do funcionamento sutil de sua mente. À medida que foi se descuidando e os encantos e tentações do mundo começaram a escravizá-lo, ele começou a perder o domínio de sua mente. Não exercitar sua força de vontade e determinação o enfraqueceu, e as impressões sutis de seus atos passados influenciaram então os seus atos presentes. Devido ao enfraquecimento de sua força de vontade e determinação, ele perdeu o controle sobre o *dharma*, a capacidade que faz a mente inclinar-se naturalmente para a liberdade e a satisfação interior. Gradativamente, sua vida foi sendo governada apenas pela *samskara*, por meio da qual a mente armazena as impressões de nossos atos. Se o dirigente do mosteiro tivesse despertado a força da *sankalpa shakti*, ele poderia ter canalizado os poderes de *cheshta*, *parinama*, *nirodha* e da *samskara* para despertar o *dharma*. E, fazendo isso, seu desejo de libertar-se teria se fortalecido e sua tendência a apropriar-se do que era oferecido a Deus teria desaparecido.

Entretanto, por falta de consciência espiritual, a maioria de nós só conhece o funcionamento da *samskara*, por meio da qual a mente está sempre armazenando as impressões sutis de nossas ações. Esse lugar de armazenamento, chamado mente inconsciente, expande-se nesse processo. A *jivana* dá vida a todos os conteúdos armazenados. Mantém o passado vivo em forma de *samskaras*, e a *cheshta* mobiliza as impressões sutis, dando-lhe força para que se manifestem. Portanto, é o poder da própria mente que desperta os karmas armazenados, transformando-os nos karmas ativos que formam nosso destino.

O espaço de armazenamento de nossos karmas, a mente inconsciente, é também criação da mente. E uma vez que sua criação esteja acabada, nossa faculdade mental de tomar decisões é fortemente influenciada pelas poderosas impressões sutis nela armazenadas. É por isso que, mesmo sabendo o que é certo no plano da consciência, não somos motivados a fazê-lo. E é também por isso que não conseguimos parar de fazer o que sabemos ser prejudicial. Nossos traços pessoais evoluem, por sua vez, de acordo com o padrão estabelecido pelos conteúdos de nossa mente inconsciente e formam nossos gostos, interesses e escolhas. Para descobrirmos por que é assim e continuarmos a aumentar nosso conhecimento sobre como alcançar a libertação do círculo do karma, temos de nos dedicar ao estudo da mente inconsciente e sua relação com a mente consciente.

CAPÍTULO 4

O Tecelão do Destino

Segundo a yoga, a mente tem dois aspectos: o consciente e o inconsciente. A mente consciente funciona enquanto estamos despertos e está sempre acompanhada dos sentidos. É a parte da mente que tem sua sede no cérebro e funciona em resposta aos estímulos sensoriais. Essa mente é chamada *manas*. A totalidade da mente (que abarca tanto *manas* quanto a vastidão do inconsciente) é conhecida como *chitta*. Fazendo dos sentidos os seus instrumentos, *manas* coleta os dados relacionados com os objetos externos e, pelo processamento, percebe-os de forma distinta, identifica-os como bons ou ruins e decide responder a eles de modo positivo ou negativo. A mente consciente armazena informações em cada degrau, algumas na memória consciente e outras na inconsciente. Esse processo foi ilustrado com o exemplo de Fred e seus chocolates relatado no capítulo anterior.

É na mente inconsciente que são armazenadas nossas experiências mentais na forma de impressões sutis (*samskaras*); ela é chamada de inconsciente porque comumente não sabemos de sua existência, muito menos dos conteúdos nela armazenados. Em outras palavras, não temos acesso consciente a esse aspecto da mente.

A relação entre a mente consciente e a inconsciente é análoga à de uma casa e seu porão, sendo o porão a mente inconsciente e o restante da casa a mente consciente. Algumas pessoas mantêm o porão limpo, bem arejado e organizado. Fazem um inventário preciso do que armazenaram no porão e, de vez em quando, retiram dele os objetos que lhes são necessários. Outras raramente visitam o porão. Simplesmente jogam suas tralhas ali e as esquecem, deixando que se amontoem desordenadamente.

Os aposentos que ocupamos podem ser comparados à mente consciente, que faz uso dos cinco sentidos e ocupa-se com os objetos do mundo. A mente consciente também colhe informações e treina tanto a si mesma quanto os sentidos e outros aspectos da nossa personalidade.

Quando compramos uma casa adquirimos móveis, tapetes, luminárias e outros objetos necessários e os colocamos em seus devidos lugares. De vez em quando vamos às compras e adquirimos novos objetos para a casa — um sofá novo, outro carpete, uma mesa melhor para a sala de jantar — e colocamos os velhos no porão. Com o passar do tempo, o porão vai ficando entulhado de coisas. Continuamos a nos sentir atraídos por novos objetos, mas como o porão está lotado e o resto da casa está totalmente mobiliado, rearranjamos os móveis já existentes para podermos acomodar os novos. Os espaços acabam ficando lotados e todos os armários e prateleiras entulhados. Então, passamos a enfiar coisas debaixo das camas e dos balcões e empilhá-las nos cantos das paredes até não sobrar quase mais nenhum espaço livre.

Nossa casa, que já foi tão espaçosa, ficou tão entulhada que é quase impossível andar por ela sem tropeçar em uma ou outra coisa. Toda a casa ficou tão cheia e confusa que dificilmente encontramos o que estamos procurando e, se achamos que esses objetos nos fazem muita falta, simplesmente saímos para comprar outros.

É assim que funciona a nossa mente. Nos primórdios da raça humana, houve um tempo em que sabíamos perfeitamente tudo o que a mente continha — tanto a consciente quanto a inconsciente. O espaço para armazenamento era pequeno e de fácil acesso. Sabíamos exatamente o que havia nele e onde se encontrava cada objeto. Mas à medida que começamos a acumular impressões de objetos e experiências, passamos a ter necessidade de espaços cada vez maiores. A cada vida vivida, armazenamos cada vez mais informações do passado, de maneira que, quando os recessos mais profundos do espaço original para armazenamento ficaram entulhados, passamos a usar outras áreas da mente para guardá-las. E assim como os espaços livres de nossas casas ficam cada vez menores à medida que cada vez mais partes delas são transformadas em espaços de armazenamento, parte da mente que um dia foi plenamente consciente, limpa e transparente, tornou-se inconsciente, congestionada e obscura.

O tamanho do cérebro e os trilhões de neurônios que ele contém indicam que é possível para a mente consciente ter à sua disposição uma quantidade incrível de informações. Houve um tempo em que as pessoas tinham fácil acesso a essas informações porque tinham uma maior capacidade de retê-las do que temos hoje e eram capazes de chegar a essas informações de modo mais eficiente do que nós. Naquele tempo, muitas pessoas tinham acesso ao passado e ao futuro, e não apenas os profetas e os sábios. As lendas narradas nas escrituras védica e prânica, bem como no Antigo Testamento, sobre como as pessoas se comunicavam com os animais e as plantas confirmam isso.

A natureza nos proveu de um cérebro organizado para que pudéssemos processar, assimilar e acessar informações. Hoje, entretanto, nossas mentes estão sobrecarregadas e, o que é mais importante, com a chegada da calculadora, do computador e da rápida sucessão de imagens, os intervalos de atenção estão ficando cada vez menores. Menos do que cinco por cento do nosso cérebro é ativo. O restante permanece adormecido. Estamos usando menos a mente consciente e empurrando mais informações para uma mente já entulhada.

Em conseqüência disso, a maior parte de nossas atividades é governada pela mente inconsciente. Por exemplo, sabemos que os comerciais e anúncios publicitários raramente apresentam toda a verdade, mas mesmo assim nos deixamos influenciar enormemente por eles. Por exemplo, os comerciais de cigarros e bebidas alcoólicas foram tão profundamente implantados em nossa mente inconsciente que, em conseqüência disso, a parte minúscula da mente consciente, que sabe o quanto eles são prejudiciais à nossa saúde, nem sempre é capaz de nos impedir de consumir tais substâncias. Em grande parte, somos escravos do nosso inconsciente.

Nosso moderno sistema de ensino treina apenas a parte consciente da nossa mente e esse treinamento não nos ensina a usá-la para nos livrarmos da sujeição à mente inconsciente. Ninguém nos diz como limpar o inconsciente ou como expandir o espaço no plano da consciência ou — a habilidade mais importante de todas — como penetrar conscientemente no inconsciente. Se soubéssemos fazer isso, se pudéssemos penetrar conscientemente na mente inconsciente e fazer um inventário dos conteúdos nela armazenados, poderíamos criar um método eficaz e realista para empreendermos uma transformação interna. Essa capacidade pode ser desenvolvida por meio da meditação. Por intermédio dela, podemos localizar com precisão e atenuar as impressões negativas armazenadas no inconsciente e fortalecer as positivas, acelerando com isso nossa jornada interior.

Entretanto, do jeito que as coisas estão, não temos nem o conhecimento nem a capacidade necessários para abrirmos a porta de nossa mente inconsciente. O porão ficou trancado e ignorado por tanto tempo que esquecemos de como ele é e não fazemos nenhuma idéia do que está guardado nele. Assim, torna-se impossível a elaboração de um plano para organizar os objetos do porão e desfazer-se das tralhas.

Quanto mais profundamente as idéias estiverem alojadas na mente e quanto mais densamente estiverem condensadas no espaço de armazenamento, maior será a probabilidade de elas virem a explodir, abalando fortemente toda a estrutura e provocando rachaduras em suas partes frágeis. Sentimos a forte rajada, mas como não sabemos o que explodiu nem por que, damos ao trauma o nome de destino, vontade de Deus ou acidente. E mesmo que nossas bombas kármicas não cheguem a explodir, elas causam tremores constantes, deixando-nos inseguros, ansiosos e medrosos. A maior parte de nossas atividades conscientes é influenciada por esse estado precário.

A maior parte de nossas ações é realizada ou para conseguir o que ainda não temos ou para preservar o que temos. As ações realizadas nessas condições são motivadas pelo inconsciente. O que parece ser nosso motivo imediato no plano consciente, na realidade é apenas o catalisador das impressões sutis (*samskaras*) gravadas no inconsciente. São as *samskaras* que motivam a mente consciente a utilizar o corpo e os órgãos sensoriais para realizar uma ação. Para ilustrar essa questão, vamos tomar como referência um conto extraído do *Srimad Bhagavatam*.

Era uma vez um sábio chamado Saubhari que levava uma vida solitária. Por muitos anos ele dedicou-se inteiramente a práticas de austeridade e meditação, e, quando ficou velho, todas as pessoas do reino o conheciam. Ele era respeitado por mercadores, filósofos e até mesmo pelos membros da família real.

Certo dia, Saubhari foi banhar-se num lago próximo e permaneceu na água para fazer sua meditação especial do entardecer. Quando abriu os olhos para sentir a água na palma das mãos, ele notou um cardume de peixinhos brincando em volta da mãe. Eles pareciam estar se divertindo tanto que o sábio recorreu a seu extraordinário poder de intuição para entender por que eles estavam tão contentes — e ficou surpreso ao perceber a profunda satisfação da fêmea por ser mãe de tantos peixinhos divertidos. "Os peixes são tão felizes no lago", o sábio pensou. "Passei toda a minha vida me dedicando a práticas espirituais e nunca senti isso. Eu também devia ter filhos. Tenho de me casar." Com essa idéia, ele saiu do lago e começou a engendrar um plano.

Por suas averiguações, o sábio ficou sabendo que o rei tinha cinqüenta filhas, todas elas em idade de casar, e resolveu fazer-lhe uma visita. Quando o rei soube que Saubhari queria vê-lo, saudou-o com grande respeito e perguntou-lhe em que podia servi-lo. O santo respondeu francamente que gostaria de se casar e que tinha ficado sabendo que as filhas do rei estavam todas na idade de casar. Apesar do grande respeito que o rei tinha pelo sábio, ele não podia nem imaginar-se dando alguma de suas filhas em casamento a um homem tão velho. Mas também não podia simplesmente recusá-lo. Assim que, humilde e diplomaticamente, ele disse que, sendo suas filhas adultas, seria melhor levar em consideração o sentimento delas. Se alguma delas concordasse em ser esposa do sábio, o rei daria o seu consentimento. O sábio entendeu o que o rei estava querendo dizer e, fazendo uso de sua sabedoria e de seu poder de yogue, remoçou-se e se transformou num lindo jovem.

Quando ele se apresentou às princesas, cada uma delas quis ser sua esposa, de maneira que ele desposou todas as cinqüenta e levou-as para seu *ashram*. Ali ele viveu como chefe de família e teve uma centena de filhos, dois com cada esposa.

Essa história simples nos diz muito a respeito da influência do inconsciente sobre nossas decisões conscientes. Ver o cardume de peixes nadando feliz em volta da mãe não foi a principal força motivadora que estava por trás da decisão do sábio de se casar. O incidente simplesmente reavivou suas lembranças — as impressões sutis de ter sido casado e de ter tido filhos — que estavam profundamente enterradas no seu inconsciente. A imagem foi como a de uma pedrinha lançada num lago: as ondulações espalharam-se para fora até alcançar a margem da mente consciente do sábio. Do mesmo modo, estimuladas por acontecimentos externos, nossas *samskaras* são despertas e criam ondulações nas profundezas de nosso inconsciente. Essas ondulações espalham-se para fora, influenciando a mente consciente que, por sua vez, motiva os sentidos, o cérebro e todos os outros membros e órgãos a realizar uma ação.

Como vimos, existem inúmeros karmas adormecidos armazenados no inconsciente. Alguns deles são fortes, outros relativamente fracos; alguns são importantes, outros secundários. Em termos gerais, os karmas principais são acompanhados de um certo número de karmas secundários. Somente um karma ou grupo de karmas desperta de cada vez e quando isso acontece, influencia a mente consciente de um modo específico.

Não é fácil indicar com precisão o que determina exatamente qual o karma ou o grupo de karmas em particular que vai ditar nosso comportamento e quando isso vai acontecer. As escrituras nos lembram constantemente que só o Ser Divino onisciente conhece a dinâmica precisa do karma e sua relação com o ciclo de nascimentos e mortes. Entretanto, as escrituras dizem o que os sábios já confirmaram no passado por meio da sabedoria intuitiva: o grande plano do destino — o karma *prarabdha* — é estabelecido antes do início de cada vida. Em circunstâncias normais, ele não pode ser mudado e nem mesmo modificado. Por exemplo, o tipo de corpo no qual nascemos, por quanto tempo viveremos nesse corpo e se seremos basicamente felizes ou infelizes durante essa vida são determinados pelo destino antes de nascermos.

Em geral, a lei do karma diz que com cada ação que realizamos, criamos uma impressão sutil, que é então armazenada no inconsciente em forma de *samskara*. Em circunstâncias normais, cada impressão acabará se desenvolvendo e se manifestando em forma de destino. As impressões fortes individuais ou coletivas tornam-se as linhas principais de nosso destino; outras impressões aglutinam-se ao seu redor na forma de karmas secundários. As linhas principais determinam em que corpo nasceremos, por quanto tempo viveremos e se a experiência que teremos durante essa vida será agradável ou desagradável. Os karmas secundários preenchem os detalhes. Apesar de não podermos mudar a linha principal de nosso destino, temos algum grau de escolha para manipularmos nossos karmas secundários e, com isso, podemos, até certo ponto, influenciar nosso destino.

O principal karma ativo é como a planta de uma casa. Os karmas secundários, adormecidos, e as linhas secundárias do destino provêem os detalhes. A planta determina a forma básica e a estrutura da casa, que não podem ser modificadas. Os karmas secundários são como os materiais de acabamento e os detalhes decorativos que complementam a casa. Uma vez que a construção esteja avançada, o arquiteto não tem nada a dizer com respeito a onde, quando e como colocaremos cortinas ou quadros, de que cor serão as janelas ou qual será a disposição dos móveis. Esses detalhes são análogos aos karmas secundários.

Os detalhes triviais do dia-a-dia — a perda de algo e o ganho de outra coisa, como passamos o tempo num determinado final de semana — são karmas secundários que giram em torno da linha principal do destino. Por exemplo, o casamento do sábio com cinqüenta princesas fazia parte da linha principal de seu destino. A qualidade geral de sua vida de casado também fazia parte de seu karma principal. Mas o tamanho das casas que ele construiria para cada uma das esposas e seus filhos, como ele dividiria sua atenção entre elas e como ele conseguiria fazer suas práticas espirituais diárias com uma vida tão complexa eram parte de seus karmas secundários. Para fazer essas escolhas, ele tinha um alto grau de flexibilidade. Uma vez casado, ele chegou a uma encruzilhada — ou se deixava levar pelas circunstâncias que comumente surgem quando um homem começa a viver com mais de uma mulher, ou mantinha sua sabedoria interior e vivia no mundo, ao mesmo tempo que permanecia fora dele. Para nós, parece impossível manter relações com cinqüenta mulheres, criar cem filhos e atender a todas as necessidades materiais resultantes de uma família desse tamanho. Mas o sábio não permitiu que nenhum de seus karmas secundários afetasse a linha principal do karma de seu destino de maneira adversa. Ele continuou com sua prática espiritual da mesma maneira que antes, fez todas as suas esposas felizes e criou seus filhos, muitos dos quais acabaram se tornando grandes governantes e iniciados espirituais.

O homem era sábio, espiritualmente forte e habilidoso no sentido mundano. Essas qualidades estão subdesenvolvidas na maioria de nós — que lutamos para superar nossa pobreza interior e nossa falta de habilidade para conduzir nossos negócios. Somos como os proprietários de casas que têm de usar material usado e restos na reforma de suas casas, mesmo que eles não sirvam a seus propósitos. Não temos conhecimento, recursos e nem habilidade para adquirirmos os melhores materiais existentes e usá-los de maneira apropriada. Além do mais, nos apegamos ao que já temos acumulado e queremos mantê-lo mesmo que não sirva para nada. Por isso, e por falta de conhecimento e desapego, deixamos de exercer nossa força de vontade e determinação para escolhermos, aceitarmos ou descartarmos os karmas secundários.

Portanto, a resposta à pergunta "O que determina qual o karma ou grupo de karmas em particular que vai ditar nosso comportamento e quando isso vai acontecer?" é ao mesmo tempo simples e complexa. É simples porque o destino, na forma de karmas ativos, tem seu próprio curso e não temos nenhum poder para mudá-lo. E é complexa porque a resposta envolve uma explicação dos karmas secundários — como eles se reúnem em torno das principais linhas kármicas do destino e como eles ditam o nosso comportamento. Alguns karmas secundários podem ser manipulados, mas se forem fortes e estiverem profundamente entrelaçados com o karma principal, é quase impossível impedir que se manifestem ou modificar o efeito deles depois de terem se manifestado. Ou mesmo que não estejam entrelaçados com o karma principal, eles podem ser como tentáculos originários dele e que ligam o destino de uma pessoa com o de outra, abrindo com isso um canal entre o karma pessoal e o karma do grupo. Só quem conhece o destino pode ver exatamente como esses tentáculos dos karmas secundários ligam-se aos tentáculos provenientes da linha principal do destino de outros. Em casos muito raros, esses mestres consumados podem cortar os tentáculos do destino e, com isso, separar o destino de uma pessoa do destino de outras. Ou, se necessário, eles podem ligar o destino de uma pessoa ao de outra, ou de outras, pelo entrelaçamento dos karmas secundários.

Comecei a entender isso quando tive a sorte de assistir ao trabalho de um santo com os karmas secundários de um jovem que tinha nascido com um problema cardíaco. Apesar de ter sido submetido a uma cirurgia de substituição das válvulas do coração na infância, ele nunca foi muito forte e tinha de tomar muito cuidado com sua saúde. A mãe era profundamente apegada a ele, seu único filho, e ambos veneravam o santo e o visitavam regularmente. Por razões que me são desconhecidas, o santo estava sempre instando o jovem a se casar. Certo dia, quando achei que o santo estava em condições de explicar os mistérios da vida, perguntei-lhe aonde ele estava tentando chegar ao encorajar o jovem a se casar. Ele explicou que, como o rapaz tinha problemas constantes de saúde, ele poderia não viver por muito tempo se algo drástico não fosse feito. Quando perguntei sobre a possibilidade de continuação do tratamento médico, o santo disse que ele já havia se submetido a todos os tratamentos possíveis e que as mudanças teriam agora de ser efetuadas no plano de seu destino.

O santo descreveu as condições kármicas predominantes no rapaz doente da seguinte maneira: a mãe era muito apegada a ele, os dois tinham ligações kármicas e fazia parte do destino dela perder o filho. Se ela renunciasse a ele ou renunciasse à relação com ele, a saúde dele melhoraria. Mas isso não era possível, porque nenhum dos dois estava preparado para entender essa sutileza.

A outra opção era ele se casar — o casamento une o destino de duas pessoas. Se ele se casasse com uma mulher cujo destino seria ter uma relação matrimonial duradoura com um marido saudável, o destino do jovem seria modificado. No momento, ele estava atraído por uma jovem cuja família tinha relações estreitas com os parentes de sua mãe. Depois do casamento, o casal viveria perto da mãe do rapaz — de maneira que, casando-se com aquela jovem, ele reforçaria o vínculo com a mãe. Por outro lado, se ele desposasse uma mulher que não tivesse nenhum vínculo com sua mãe, e se depois do casamento o casal fosse morar longe da mãe, os dois manteriam o relacionamento com base unicamente no amor e no dever, enquanto que os vínculos emocionais baseados no apego ficariam enfraquecidos.

Nos meses seguintes, observei com que habilidade o santo criou uma situação na qual o jovem perdeu o interesse pela mulher que tinha laços fortes com os parentes de sua mãe. Logo depois ele desposou outra mulher, e o casal foi morar numa cidade distante de sua mãe. Sua saúde melhorou imediatamente.

Nesse caso, fazia parte do destino do rapaz unir-se a alguém em matrimônio. Tudo o que o santo fez foi criar uma situação na qual ele desposasse uma jovem cujo destino era ter uma relação duradoura com um homem saudável. Unindo os tentáculos dos karmas secundários do rapaz com os dela, o santo ajudou a modificar seu destino com respeito à saúde, sem perturbar o principal karma *prarabdha* da mãe, que era ser separada do filho.

Mas como as pessoas comuns poderiam saber que fazia parte do destino da noiva ter um marido saudável ou que uma das fortes influências sobre o estado de saúde do rapaz era a mãe ter como destino a separação do filho? A verdade é que — nunca podemos ter certeza — é impossível saber qual karma em particular é primário e qual é secundário, nem tampouco é possível se verificar se o karma de uma pessoa foi alterado. O santo, entretanto, era dotado de grande conhecimento e sabedoria intuitiva e, nesse caso, o fato ficou comprovado pela notável melhora da saúde do rapaz após o casamento.

Mas a minha crença pessoal no santo e as minhas conclusões não bastam para explicar a dinâmica do karma com respeito a questões tão complexas como esta: se nosso karma pode ou não ser compartilhado por outros ou se, além dos karmas pessoais, também partilhamos de karmas grupais. Se for assim, o que há por trás disso? Além do mais, a justiça do "colhemos o que plantamos" é óbvia, mas onde está a justiça da colheita dos frutos dos karmas grupais, que pessoalmente não plantamos? As escrituras tratam dessas questões e explicam suas relações.

Elas nos dizem que, salvo os karmas criados pelo pensamento, não existem karmas que sejam inteiramente pessoais. Todos os atos envolvem pelo menos duas partes: uma que realiza a ação e a outra, pessoa ou objeto, que é afetada por ela. E como ambas as partes de uma ação estão relacionadas com outras partes, o efeito em cadeia acaba envolvendo várias partes nas ações e nos seus resultados. Enquanto tivermos um corpo e vivermos neste mundo, é totalmente impossível viver em isolamento kármico. Mesmo para vir ao mundo, são necessárias no mínimo três partes: a mãe, o pai e o filho. Cada um tem seu destino independente, além de partilhar do destino do grupo. O destino principal de uma pessoa funciona como karmas secundários de outras pessoas e vice-versa. Assim, estamos todos enredados numa complexa rede kármica. Centenas de casos relatados na literatura épica explicam a natureza complexa do destino de forma compreensível. Vamos examinar um deles, narrado no *Ramayana*.

Rama era um príncipe nascido na cidade de Ayodhya, filho do rei Dhasharatha e da rainha Kausalya. Quando adulto ele desposou a princesa Sita. No dia em que deveria ser coroado rei, ele foi mandado para o exílio por quatorze anos. Sua esposa e seu irmão Lakshmana o acompanharam no exílio. Logo depois, incapaz de suportar a dor pela separação do filho, o rei morreu. As desgraças de Rama aumentaram quando Sita foi raptada por Ravana, rei do Sri Lanka. Mas com a ajuda dos Vanaras (tribo cujos membros tinham cara de macaco), Rama derrotou Ravana e libertou sua esposa. Por fim, depois de completado o período de exílio, o casal regressou a Ayodhya, onde Rama assumiu o trono.

Durante todo o exílio, Rama passou por terríveis altos e baixos, tendo alegrias e tristezas, bem como perdas e ganhos. Ele ajudou muitas pessoas e matou outras tantas. Para entendermos seu destino e a relação dele com o destino das pessoas cujas vidas estiveram entrelaçadas com a dele, temos de saber o que aconteceu em sua vida anterior, quando ele existiu na forma de Narayana.

O desejo (*kama*) vem acompanhado de uma gama de luxúrias e outros encantos e tentações que assediaram muitos mestres, entre os quais Buda e Cristo. Certa vez, ele travou combate com o ilustre sábio Narada quando esse estava em profunda absorção espiritual (*samadhi*). Mas Narada, o mais querido discípulo de Narayana, foi capaz de manter-se impassível. *Kama* reconheceu sua derrota e retirou-se.

Narada ficou satisfeito com o que tinha conseguido, mas quando contou sua vitória a Shiva, esse sorriu e aconselhou-o a não falar disso diante de seu mestre, porque a Narayana não agradava nem os mais leves traços egóicos. Narada não respondeu a Shiva, mas ele não achava que sua vitória sobre *Kama* tinha alimentado seu ego.

Narada procurou então Narayana e, enquanto os dois conversavam, ele disse: "Por vossa graça, consegui permanecer impassível quando *Kama* me atacou enquanto eu estava em absorção espiritual (*samadhi*)."

Com um sorriso, Narayana respondeu: "Como é que *Kama* pode ter alguma influência sobre um sábio consumado como você? Estou muito satisfeito, Narada." E com essas palavras, ele despediu seu discípulo.

Narada era mestre insuperável em astrologia e quiromancia. Certo dia, o rei mandou chamá-lo para pedir que o ajudasse a planejar o futuro de sua filha adulta. O mapa astral dela indicava que ela era a mulher mais bela, inteligente, amável e respeitável do mundo. Que ela se casaria com um homem de beleza e força inigualáveis. Seu marido seria onisciente e imortal. Todas as grandes qualidades e virtudes, conhecidas e desconhecidas pela humanidade, estariam presentes no casal. Narada nunca tinha visto um mapa astral tão fantástico. Ele decidiu verificar se sua interpretação seria confirmada pela leitura da mão da princesa, e o rei mandou chamá-la.

A princesa era a personificação da beleza suprema e quando ela entrou na sala, Narada ficou fascinado por ela. Quando ele pegou a mão dela para lê-la, toda a sua consciência dissolveu-se com o toque. E a leitura da mão confirmou o que a astrologia lhe tinha indicado. Apesar de manter a compostura externa, internamente Narada estava se derretendo. Estava perdidamente apaixonado, mas mesmo assim ele recomendou que a família real convidasse os homens mais elegíveis do reino, e também dos reinos vizinhos, a comparecer à *svayamvara* — cerimônia na qual a princesa escolhe quem será seu marido.

Ao mesmo tempo, ele começou a tramar um plano para ele próprio tê-la como esposa. Ele não tinha as qualidades do marido descrito no mapa astral, mas estava confiante de que poderia consegui-las com a ajuda de seu mestre. Por isso, ele foi em seguida procurar Narayana, a quem explicou a situação. Narayana dotou-o de um lindo corpo, virilidade, força e juventude. Entretanto, sem Narada saber, Narayana deu-lhe também uma cara de macaco.

Com o coração exultante de alegria e grandes esperanças, Narada voltou ao palácio no dia da cerimônia e tomou lugar entre os outros candidatos. Ele notou que dois deles estavam observando-o e trocando olhares sarcásticos, e que quando a princesa entrou, ela também estranhou ao passar os olhos por ele. E ficou enfurecido.

Com as esperanças destroçadas e o coração cheio de ira, ele atravessava o campo a passos largos. Depois de um tempo, ele notou que os dois candidatos que tinham chamado sua atenção na cerimônia estavam seguindo-o. Esforçando-se para recuperar o equilíbrio, ele perguntou quem eles eram e por que tinham zombado dele. Eles responderam que tinham sido enviados por Shiva para dar uma olhada nele e, rindo, o aconselharam a olhar para seu reflexo no lago próximo. No instante em que Narada viu sua cara de macaco, ele explodiu. Voltando-se para os discípulos de Shiva, ele esbravejou: "O diabo que os carregue com todos os conhecimentos e poderes de yogue que vocês têm!"

Então, a raiva de Narada voltou-se para seu mestre e ele se encaminhou para o *ashram*. No caminho, encontrou Narayana andando com a princesa. Isso aumentou sua fúria e, sem preâmbulos, vociferou: "Seu desonesto! Seu mentiroso! Seu hipócrita! Você não suporta a idéia de alguém ser feliz. Vou lhe dar uma lição. Vou lhe rogar uma praga: Assim como hoje estou sofrendo por ter perdido minha esposa, um dia você vai sofrer a perda da sua. E só as pessoas com cara de macaco poderão ajudá-lo."

Em vez de responder também com ira, Narayana o fez com grande amor: "Aceito a maldição. Foi para poupá-lo de grandes sofrimentos que eu fiz o que fiz."

Então Narada compreendeu que tinha cometido um erro. Prostrando-se aos pés de Narayana, pediu perdão e permissão para retirar a maldição. Mas Narayana disse: "Não. Para que sua força de vontade seja preservada intacta, eu aceito a maldição sobre mim mesmo. Ela se realizará quando eu encarnar como Rama. Então, também libertarei os discípulos de Shiva de sua maldição."

Mais ou menos na mesma época, um importante reino era governado por dois grandes yogues, Manu e sua esposa Shatarupa. Eles queriam ter Narayana como filho em outra encarnação e, por isso, passaram o reinado para o filho mais velho e dedicaram-se a meditar sobre Narayana. Depois de muitos anos, Narayana apareceu, concedendo a bênção que eles haviam pedido. De modo que Manu e Shatarupa reencarnaram como rei Dhasharatha e rainha Kausalya, pais de Rama.

Quando jovem, o príncipe Dhasharatha era um grande arqueiro, famoso por sua capacidade de atingir alvos em movimento sem vê-los — tudo o que ele precisava era ouvi-los. Uma noite ele foi caçar na floresta. Um jovem santo, acompanhando seus pais cegos numa peregrinação religiosa, estava acampado nas proximidades da floresta. Deixando seus pais no acampamento, ele foi procurar água. Quando ajoelhou-se diante de um poço para encher seu cantil, o jorro da água soou como um animal bebendo — e o príncipe Dhasharatha, que estava por perto, disparou uma flecha na direção de onde vinha aquele ruído. Mas quando a flecha atingiu o alvo, o príncipe ficou surpreso por ouvir um grito humano.

O príncipe Dhasharatha correu para o lugar e encontrou o jovem santo morrendo. Com seu último suspiro, o jovem santo pediu ao príncipe que tomasse conta de seus pais. Perturbado, o príncipe concordou em atender seu pedido. Ele encontrou o casal de cegos, contou-lhes o que havia acontecido e suplicou-lhes que o perdoassem. Em vez de perdoá-lo, o pai amaldiçoou Dhasharatha, dizendo: "Meu sofrimento é tamanho que não demorará para me matar. Que o sofrimento pelo seu filho acabe também com a sua vida."

Dhasharatha acabou herdando o reino do pai, casou-se e teve quatro filhos. Rama era o primogênito e o mais querido. Quando o rei anunciou que estava passando o reinado para Rama, todo mundo ficou feliz, menos a segunda mulher do rei. Em vez de regozijar-se, ela exigiu que o dia para o qual estava programada a coroação de Rama fosse o dia de seu exílio, e que o filho dela, que estava fora do reino, fosse coroado assim que regressasse. Como lhe tinha feito um juramento havia anos, o rei teve de satisfazer o desejo da mulher, mas a dor pela perda do filho Rama foi tão avassaladora que ele morreu.

Rama passou os doze anos seguintes vagando pela floresta com sua mulher, Sita, e seu irmão, Lakshmana, passando fome e sede e enfrentando animais selvagens e tribos canibais. No décimo terceiro ano, quando eles estavam vivendo nas florestas do sul da Índia, às margens do rio Godawari, a princesa do Sri Lanka, Supanakha, visitou o *ashram* de Rama e imediatamente apaixonou-se por ele. Rama disse à princesa que tinha jurado a Sita que ela seria sua única mulher e, por isso, ele não poderia desposá-la. Mas Supanakha não aceitou essa recusa e fez muitas tentativas para seduzi-lo. Por fim, ela recorreu a ameaças, dizendo a Rama que seu irmão Ravana, o poderoso rei do Sri Lanka, o obrigaria a desposá-la. E em seguida atacou Sita. Lakshmana interveio no mesmo instante, cortando o nariz de Supanakha. Dominada pela frustração e pelo desejo de vingança, a princesa desfigurada fugiu para o reino de seu irmão Ravana.

Escondendo sua paixão por Rama, Supanakha mentiu para o irmão, dizendo que Rama tinha cortado o nariz em resposta a uma provocação. Ela convenceu Ravana de que Rama sentia tanto orgulho de sua linda esposa quanto de sua própria força e que seria uma desgraça para o Sri Lanka e seu rei se Rama não fosse humilhado pela separação de sua esposa e pela derrota no campo de batalha. Assim que, com a ajuda de seus poderosos aliados, Ravana raptou Sita e levou-a para seu palácio. E como Sita persistiu em não querer se casar com ele, ele aprisionou-a no jardim do palácio.

Aflitos, Rama e Lakshmana reviraram a floresta à procura de Sita, mas não encontraram nenhum rastro dela. Finalmente, ficaram sabendo que Ravana a havia raptado, mas eles não sabiam onde encontrar Ravana, até que a procura os levou ao reino dos Vanaras, uma tribo cujos membros tinham caras de macaco. O rei e seus caciques tornaram-se amigos e aliados de Rama e, com a ajuda deles, Rama localizou Sita. Depois de uma longa e árdua guerra, Rama derrotou Ravana e reuniu-se com sua esposa.

Essa lenda nos dá uma idéia do que é a teia do destino. O de Rama era feito de muitas linhas, sendo a principal delas a graça que ele tinha concedido a seus pais, na vida anterior, quando concordara em ser filho deles, como efeito da maldição de Narada, bem como sua própria promessa de libertar os dois discípulos de Shiva que também tinham sido amaldiçoados por Narada. Havia centenas de pessoas envolvidas na vida de Rama, ou como amigos ou como inimigos, e, de acordo com as escrituras, o destino de todas elas estava ligado ao de Rama. Rama, um espírito altamente evoluído, não tinha nenhum karma pessoal e, portanto, nenhum motivo kármico para nascer ou morrer. Mas ele usou as bênçãos que tinha concedido e as maldições que aceitara para criar uma trama provisória do destino com a finalidade de libertar outras pessoas de suas teias kármicas. Mas, enquanto esteve enredado em sua própria teia kármica, ele passou por aflições e desfrutou de prazeres, exatamente como acontece com os simples mortais.

Nunca em sua montanha-russa kármica, Rama perdeu a consciência de quem era. Num dia de chuva, durante o período em que Sita esteve nas mãos de Ravana, Narada visitou o aflito Rama. Sabendo que Rama estava sofrendo por causa da maldição que tinha proferido, Narada disse: "Tenho sido seu discípulo e servo devotado. Você conhecia minha fraqueza e mesmo assim deixou que ela fizesse o que fez. Por quê?"

Rama respondeu: "Um de nós teria que passar por esse tormento kármico. Para mim, ele acabaria em alguns anos, mas você permaneceria enredado por várias encarnações. Além do mais, eu respeitei a lei do karma através da dádiva que concedi a meus pais que, em sua vida anterior, haviam se dedicado a práticas intensas de austeridade e meditação para ter-me como filho. E quando me tornei filho deles, a linha kármica do meu destino se entrelaçou com a do destino de meus pais e de todos aqueles a quem eles estavam ligados. Olhe para o lado positivo do meu destino. O exílio deu-me a oportunidade de estar na companhia de muitos sábios iluminados que, como meus pais, tinham meditado sobre mim."

Como essa lenda ilustra, mestres como Narayana são capazes de assumir os karmas de outras pessoas. Além disso, eles têm poder ou para atenuar ou para maximizar a força dos karmas que assumem. Devido ao conhecimento que possuem, eles se mantêm equilibrados durante o desenrolar da tempestade kármica.

O destino de Rama era feito de karmas extraordinários, que ele havia criado conscientemente a partir de influências kármicas anteriores. Nossos karmas são de outro tipo. Nossas ações atuais são motivadas pelas linhas principal e secundárias de nosso destino. Na hora em que estamos praticando as ações — e imediatamente antes — nossa mente é influenciada pelo que gostamos e não gostamos, pelo amor e pelo ódio, pela atração e pela repulsão. Os karmas causados por essas ações não são os mesmos usados por Rama para tecer seu destino. Nós, pessoas comuns, não temos nenhuma liberdade de escolha para decidirmos qual a linha kármica a ser usada como principal do destino e quais as secundárias.

Mas como ser iluminado, Rama tinha liberdade para escolher quando, onde e como os karmas que ele assumiu se manifestariam. Sua história ilustra a inter-relação dos karmas individuais e grupais, mas não esclarece totalmente o processo pelo qual são ordenados os karmas das pessoas comuns. Vamos agora, portanto, voltar nossa atenção para outra história, que vai esclarecer como um determinado karma torna-se a força principal do destino de uma pessoa e acaba dominando todos os outros karmas.

Era uma vez um salteador, famoso tanto por sua crueldade quanto por sua esperteza. Quando ele estava por perto, a vida e a propriedade das pessoas estavam ameaçadas. Certa noite, seu bando atacou uma aldeia isolada, mas, em vez de encontrar alguns gatos-pingados, viram-se excedidos em número e, depois de uma longa batalha, eles se dispersaram na floresta. Separado de seu bando, logo o líder ficou totalmente perdido.

Quando estava tentando orientar-se, ele ouviu alguém gemendo de dor e, seguindo a direção do gemido, encontrou uma mulher parindo sozinha. O verão ia alto e a mulher estava desesperada de sede. Por algum motivo desconhecido, o ladrão teve pena dela. Deu-lhe água e ajudou-a no parto.

Enquanto a assistia, ele se surpreendeu lembrando que também fora parido e que sua mãe havia sofrido aquelas mesmas dores. O fio desse pensamento levou-o a refletir sobre o valor da vida humana e que ele não havia feito outra coisa na vida senão causar dor e sofrimento aos outros. Esse pensamento transformou-o inteiramente. Ali mesmo, ele decidiu mudar de vida. Desconsiderando o perigo que corria, levou a mulher e a criança de volta para a aldeia e foi morto pelos aldeãos irados e vingativos.

Depois da morte, o salteador foi levado para o plano de Samyamani Puri, lugar onde existe apenas a consciência, para encontrar Yama, o rei da morte. O secretário de Yama abriu o livro dos karmas e informou-o de que, com base na lei do karma, o ex-estripador estava condenado a sete mil anos no inferno. Mas, por ter salvado a vida da mulher e da criança, sacrificando com isso a sua própria, ele tinha o direito de ser rei do céu por um dia. O problema era qual dos dois seria o primeiro — o inferno ou o céu?

De repente, apareceu o mestre celestial Deva Guru, dizendo que, apesar de quantitativamente o karma positivo do estripador ser mínimo, ele era extremamente forte. E que, de acordo com a lei do karma, estabelecida no começo da criação, os karmas extremamente potentes tornam-se as forças mais poderosas que formam o destino. Por isso, o homem havia conquistado o direito de ser rei do céu antes de ter de colher os frutos de seus outros karmas.

Então, assim que o ex-salteador tornou-se rei do céu, sua consciência expandiu-se enormemente e, prostrando-se diante do mestre celestial, ele pediu que o guiasse. O mestre explicou que há dois modos de viver no céu: desfrutando de seus prazeres ou usando-os a serviço dos outros. "Quando os karmas que o trouxeram para cá tiverem se esgotado", disse o mestre, "você terá de atender a seus outros karmas, mas por um dia todas as riquezas celestiais são suas. Você pode escolher entre usá-las para seu prazer pessoal ou para servir aos outros."

O rei do céu entendeu e começou imediatamente a distribuir suas riquezas. Deu as árvores do céu para o sábio Kashyapa; as pedras preciosas para Bhrigu; os cavalos foram para Atri; e os elefantes para Marichi. Ele empenhou-se tão arduamente na distribuição das riquezas que no final do dia não restava nada para ele mesmo.

O secretário de Yama voltou a examinar o registro kármico e descobriu que agora o homem havia conquistado o direito de passar milhares de anos no céu. Ele aceitou alegremente, entregando todo o seu poder e privilégio ao mestre celestial e pedindo-lhe que continuasse a guiá-lo. E quando o mestre lhe disse que o efeito da renúncia não conhece limites, ele renunciou até mesmo ao céu e pôs-se no caminho da prática espiritual.

De acordo com as escrituras como a *Yoga Sutra* é possível criar um karma positivo tão forte que seja capaz de superar outros karmas. Os karmas gerados por tais meios tornam-se as linhas principais do nosso destino. Da mesma maneira, criamos um poderoso karma negativo quando ferimos alguém que está com muito medo ou doente, algum pobre coitado, alguém que confia em nós ou alguém que seja totalmente dedicado à vida espiritual. Esse karma negativo também domina todos os outros karmas. As escrituras estão repletas de exemplos de pessoas que estiveram enredadas na teia do destino exatamente como nós estamos, mas que criaram karmas poderosos que dominaram muitos aspectos do mesmo destino para melhor ou para pior. Em outras palavras, os karmas intensos que elas criaram no presente mudaram a direção do destino delas.

A lei do karma é, pois, tanto inspiradora como desestimuladora. "Faça o bem para colher o bem" soa encorajador. Mas quando parecemos ser vítimas de nossos karmas passados, mesmo que a maioria de nós não tenha nenhuma idéia do que possam ser, a mesma lei é desencorajadora. Entretanto, pode-se criar karmas excepcionais pela prática espiritual (*sadhana*) intensa, recitação de mantras, austeridades (*tapas*), absorção espiritual (*samadhi*), contemplação de Deus, graça de Deus, serviço abnegado aos outros, bênçãos dos santos e companhia deles — karmas que podem vencer o destino. Em outras palavras, existem brechas na lei do karma. O entendimento delas, bem como a aprendizagem de técnicas para ter acesso a elas, podem nos libertar da sujeição a elas.

CAPÍTULO 5

Brechas na Lei do Karma

O propósito do destino é determinar quando vamos morrer e quando e como nasceremos de novo. O propósito da yoga é alcançar o estado mais elevado de absorção espiritual (*samadhi*), conhecido como *samadhi nirbija* (sem semente ou origem), pois é nesse estado que nos libertamos totalmente dos traços sutis de nossos karmas (*Yoga Sutra* 1:18, 51). Então, se todas as sementes kármicas são destruídas, alcançamos a libertação do ciclo da morte e do renascimento e de tudo o que existe entre os dois. Alcançamos também a sabedoria perfeita, a forma suprema de conhecimento intuitivo, e conhecemos a verdade em sua plenitude; nos tornamos um iniciado — um yogue, no sentido mais pleno da palavra. Chegamos a um plano que reflete sua própria luz interior.

As escrituras narram casos de iniciados que se libertaram totalmente de seus traços kármicos e que, conseqüentemente, se colocaram acima da lei do karma e do mundo regido por ela. Eles alcançaram um estado tão elevado de liberdade que, vivendo no plano da providência divina, podem criar ou apagar traços kármicos de acordo com sua vontade. O destino deles morreu e eles se tornaram imortais. Com o desaparecimento do karma e do destino, sua sabedoria intuitiva deixa de ser obstruída, e eles podem ver claramente os karmas e destinos dos outros. Isso lhes possibilita detectar as brechas na lei do karma e usá-las a serviço dos outros. De tempos em tempos, eles descem do plano da providência divina para ajudar e guiar aqueles que se encontram aprisionados no remoinho kármico. Para saber como eles fazem isso, vamos ver a seguinte história.

No século XV, viviam na cidade de Banaras dois grandes santos, Tulsidas e Baba Kinaram, ambos famosos por seus poderes milagrosos e considerados mestres iluminados.

Certo dia, uma mulher estéril foi ver Tulsidas, com a esperança de que ele a abençoaria para que pudesse conceber, uma vez que, de acordo com a cultura da época, considerava-se uma desgraça a mulher não ter filhos — desgraça que, de fato, chegava ao ponto de ser considerado pecado até mesmo olhar no rosto de uma mulher estéril. Por seus poderes intuitivos, Tulsidas viu que o destino da mulher não revelava um único traço kármico que a tornaria mãe, nem na sua vida atual e nem nas próximas sete. Por isso, ele mandou-a embora, dizendo que não podia ajudá-la, porque seu destino não incluía filhos.

Não querendo desistir, a mulher, em seguida, visitou Baba Kinaram e contou-lhe o que Tulsidas havia dito. Baba Kinaram confirmou a descoberta de Tulsidas. Perdendo todas as esperanças, a mulher irrompeu em lágrimas, dizendo que, já que não tinha nenhum lugar na sociedade, era melhor que morresse. Baba Kinaram teve pena dela e, depois de meditar por alguns minutos, disse carinhosamente: "Não se preocupe, Mãe. Venha comigo."

Ele a conduziu até uma árvore *neem* que havia plantado no seu *ashram* e da qual cuidara durante anos: "Você tem centenas de filhos", disse o santo para a árvore. "Por favor, dê um deles para esta mulher. Os descendentes dela cuidarão de seus filhos."

Então, passados alguns minutos de silêncio, ele disse para a mulher que ela em breve teria um filho. No seu devido tempo, ela deu à luz um menino saudável e o levou até Baba Kinaram para expressar sua gratidão.

Tulsidas, que morava nas proximidades, soube da novidade e ficou intrigado. O destino dela havia mostrado nitidamente que ela não estava destinada a ter filhos. Assim, ele entrou em meditação profunda para descobrir como aquela mulher estéril tinha conseguido ter um filho, mas não conseguiu encontrar a razão. Por fim, ele voltou sua consciência para Deus, que explicou: "Depois de investigar e não encontrar um filho em seu destino, Baba Kinaram pediu-me para abençoá-la com uma criança. E quando eu lhe disse que não podia dar-lhe o que não estava no seu destino, Baba Kinaram discutiu comigo, dizendo que eu era um Deus inútil se tudo o que eu podia fazer era o que já fora reservado pelo destino. Por que então as pessoas perderiam seu tempo me amando, servindo-me e contemplando-me? Então, guiei-o para a árvore *neem* que, inspirada por mim, concordou de boa vontade em dar a ela um de seus filhos."

A vida de Baba Kinaram foi cheia desses milagres. Quando ele visitou Banaras pela primeira vez como um *sadhu* errante, ninguém, a não ser outro grande mestre, Baba Kaluram, o reconheceu. Para confirmar que Baba Kinaram era o grande santo pelo qual estava esperando, Baba Kaluram pediu-lhe que trouxesse um peixe para ele comer. Baba Kinaram simplesmente entrou no Ganges e pediu ao rio que lhe desse um peixe. No mesmo instante, um peixe saltou para a sua mão. Ele cozinhou-o e serviu-o a Baba Kaluram, conforme foi instruído. Mas quando viu o peixe, Baba Kaluram disse: "Não estou mais com fome. Devolva o peixe ao Ganges." Quando Baba Kinaram pegou o prato, o peixe voltou a viver e ele o colocou de volta no Ganges.

Em outra ocasião, enquanto Baba Kinaram percorria um reino muçulmano, onde os *sadhus* eram malditos, ele foi preso. Os prisioneiros tinham de trabalhar moendo grãos, mas quando deram essa tarefa a Baba Kinaram, ele simplesmente disse: *Chal re chakari* — "Rebolos, mexam-se!" Os rebolos começaram a girar sem parar. Quando o rei ficou sabendo disso, foi até a prisão, pediu desculpas a Baba Kinaram e libertou-o junto com todos os outros prisioneiros.

Refazendo a trama do destino

A questão é a seguinte: Por que as preces de um santo como Baba Kinaram funcionam e as nossas não? A resposta é clara: mestres como ele estão livres do "aqui", e seus vínculos são inteiramente com o "lá". Com a espada do conhecimento, eles cortaram o fio do karma e o queimaram no fogo do yogue. A natureza primordial, *prakriti*, retirou seu véu da terceira visão deles, o lugar do conhecimento intuitivo. Eles não são motivados nem pelo castigo nem pela recompensa, mas estão sempre a serviço do Ser Divino. A natureza tem grande prazer em servir esses santos.

Assim como podemos enxergar com nossos olhos os objetos físicos, esses mestres são capazes de enxergar as forças sutis dos sentidos, da mente, do ego, do intelecto, bem como a mente inconsciente e as impressões sutis nela armazenadas. A quarta dimensão — o tempo — é tão claramente visível para eles quanto os objetos do mundo tridimensional para nós. Prestando atenção no princípio da temporalidade, eles conseguem ver claramente o que fizemos no passado, uma vez que nossas ações, bem como seus resultados, estão sujeitos às forças do tempo e do espaço. É por isso que os yogues dizem que todo objeto e a experiência a ele relacionada são condicionados pelo tempo, pelo espaço e pela força causal por trás do objeto e da experiência. Essas três forças — tempo, espaço e causalidade — estão inextricavelmente ligadas. Os yogues que transcenderam a esfera do espaço e do tempo podem ver claramente as sementes causais — o destino —

de outros seres, cuja consciência continua operando no âmbito do tempo, do espaço e da causalidade. Só esses yogues conseguem detectar as brechas na lei do karma.

O detetive não investiga um caso sem que tenha algum motivo para fazê-lo; tampouco o santo procura encontrar uma brecha na lei do karma sem que tenha uma razão para isso. Quando convocados pela providência divina, os santos prestam atenção às linhas kármicas do destino da pessoa e, se possível, eles simplesmente reordenam as linhas para que produzam o resultado desejado. Por exemplo, no caso do brâmane e seu cavalo, relatado no Capítulo 2, o sábio Narada orientou-o para vender o cavalo, criando com isso um vazio que teria de ser preenchido por outro cavalo que trouxe prosperidade para onde não havia nada. Naquele caso, Narada não precisou encontrar uma brecha — tudo o que ele fez foi descobrir um modo de manipular sabiamente o destino. No caso da mulher estéril, entretanto, Baba Kinaram foi um pouco mais longe. Ele teve de encontrar outro meio para manipular os fios kármicos, uma vez que no destino da mulher não havia absolutamente nenhum filho. Mas com a intervenção de Baba Kinaram, a árvore *neem* deu a ela um de seus filhos e, em retribuição, os descendentes da mulher assumiram os cuidados daquelas árvores. Essa relação mútua confirmou a lei do karma pelo entrelaçamento dos destinos da árvore e dos descendentes da mulher, criando com isso uma situação em que ambas as partes puderam dar e receber.

De maneira semelhante, conforme vimos no capítulo anterior, Narayana usou a maldição de Narada e as práticas de austeridade de Manu e Shatarupa como fios kármicos de seu destino para encarnar como Rama. Mas às vezes, precisa-se criar linhas kármicas inteiramente novas, como foi o caso do sábio Durvasa que teve de refazer a tessitura do destino quando cinco espíritos que, como Narayana, libertos de todos os karmas, decidiram encarnar como filhos de Kunti.

Kunti estava destinada a ser abençoada com os mesmos cinco filhos, mas o destino do marido dela era morrer se ele tivesse uma relação sexual com a esposa. O destino de Kunti também determinava que ela seria uma mulher tão fiel que nem sequer pensaria em outro homem. Portanto, para trazer essas cinco almas para este mundo por um meio tão humano quanto possível, o sábio Durvasa visitou o pai de Kunti quando ela ainda era adolescente. Kunti foi uma anfitriã amável para Durvasa durante a permanência dele com o pai dela. Quando a visita estava terminando e Durvasa estava se despedindo da família, ele disse a Kunti que estava muito agradecido pelos serviços que ela lhe havia prestado durante sua estada e que ela podia pedir qualquer coisa que desejasse que ele atenderia. Em sua inocência, Kunti disse ao sábio que não sabia o que pedir. Por fim, ela simplesmente disse: "Por favor, dê-me qualquer coisa que achar que vou necessitar na minha vida." Durvasa deu a ela um mantra e explicou-lhe o modo de praticá-lo e o efeito pretendido com ele. Ele disse que, pelo poder dele, ela poderia invocar qualquer uma das forças da natureza e que, qualquer que fosse a força invocada, ela satisfaria seu desejo imediatamente.

Muitos anos depois, já casada com o nobre e virtuoso imperador do norte da Índia, o rei Pandu, Kunti não demorou a perceber que perderia seu marido se ele dormisse com ela e que a preocupação dele era não ter um herdeiro para seu trono. Assim, um dia ela falou-lhe do mantra que havia recebido do sábio Durvasa e do poder que ele continha. O rei Pandu ficou muito contente e, no mesmo instante, pediu a ela que usasse o mantra para invocar o Dharma, o correspondente cósmico da verdade e da virtude que existem em todos os seres individuais, e pedir um filho. Kunti, portanto, meditou sobre o mantra, concentrada no Dharma, e a força divina apareceu. O Dharma sabia por que ela invocara sua presença e, no mesmo instante, concedeu-lhe um filho. Mais tarde, em diversas ocasiões, ela recebeu as bênçãos das outras quatro forças divinas. Ao todo, ela foi abençoada com cinco filhos fortes e nobres, que depois se tornaram amigos do Senhor Krishna e instrumentos para o estabelecimento da justiça e da retidão. Até hoje, centenas de santuários e lugares sagrados são associados à memória deles.

O sábio Durvasa criou uma nova linha kármica porque teve capacidade para enxergar os destinos do rei Pandu e da rainha Kunti e também porque foi capaz de colocar seus destinos no contexto do bem-estar da humanidade. Ele sabia que nenhum outro homem que não o rei Pandu estava destinado a desposar Kunti, porque ela era mesmo tão evoluída que sua associação com alguém que não tivesse a virtude e a sabedoria dele seria um insulto ao seu destino. A providência divina tinha escolhido Kunti para ser a mãe de cinco seres altamente evoluídos, e assim a homenagem prestada por Kunti ao sábio Durvasa criou um novo espaço em seu destino, o qual Durvasa preencheu com o poder do mantra. Em outras palavras, deixando-se servir por ela, o sábio Durvasa criou uma oportunidade para acrescentar algo, que antes não existia, ao destino dela. Esse karma em particular era livre e poderoso, e Kunti teve então a liberdade para escolher quando e onde ligá-lo à linha principal do seu destino.

Entretanto, existem situações em que não há espaço para a criação de novas linhas kármicas a serem ligadas à linha principal do destino. Nesses casos, sábios como Durvasa podem intervir diretamente — mas só por orientação divina. Por exemplo, se o tempo de vida destinado a uma pessoa já passou, mas a presença dela pode aliviar a dor de milhões de outras, então esses sábios podem decidir interferir na lei do karma. O relato da vida de Shankaracharya, muito conhecido na tradição espiritual da Índia, ilustra como um sábio pode interferir na lei do karma pelo bem maior da humanidade.

O grande mestre Shankaracharya nasceu no sul da Índia no século oitavo da nossa era. Em idade muito precoce, ele já dominava o sânscrito e as escrituras — façanha que normalmente exige muitos anos de estudo intensivo. Quando ainda criança, ele saiu de casa em busca da iluminação, encontrou seu mestre e foi por ele iniciado. Com mais ou menos doze anos, ele já tinha se tornado um dos mais importantes líderes espirituais da época.

Esse grande santo tinha um profundo entendimento da dinâmica do destino e sabia que tinha um total de dezesseis anos de vida pela frente. Ele trabalhou sem parar para concluir a missão de sua vida dentro do prazo estipulado; e quando a hora de sua morte chegou, ele planejou abandonar o corpo nos altos picos do Himalaia. Ele estava sentado numa caverna perto de Badrinath, preparando-se para fazer os elementos de seu corpo retornarem à sua origem, quando o sábio Vyasa chegou, dizendo que sua missão não estava terminada, que ele tinha apenas estabelecido os fundamentos. "Para que serve uma missão que desaparece assim que se deixa o corpo?", ele perguntou. "Você tem de prosseguir para treinar as pessoas que levarão adiante sua obra depois da sua morte."

Ao que Shankaracharya respondeu: "Estou de acordo com o que você diz, mas como posso permanecer num corpo que foi feito para eu usar apenas por dezesseis anos?"

"Vou dar a você dezesseis anos da minha própria vida", disse Vyasa. E, assim, Shankaracharya viveu mais dezesseis anos, pregando o evangelho da consciência una, treinando discípulos e escrevendo comentários sobre as escrituras e, também, textos próprios. Ele deixou seu corpo com 32 anos.

Como pode alguém dar parte de sua vida a outrem? O que significa isso? Como o nascimento numa determinada espécie e o tempo de vida num determinado corpo dependem inteiramente do destino, como pode a longevidade, que está entrelaçada com o curso do tempo, ser separada e dividida com outra pessoa? Nesse caso, dando a Shankaracharya dezesseis anos de sua vida, Vyasa também dividiu com ele o seu destino. Ele não rearranjou as linhas dos karmas secundários, não o ajudou a intercambiar ou a interligar seus karmas aos de outra pessoa e nem criou um novo karma para vincular à linha principal do seu destino. Em vez disso, Vyasa estendeu o destino de Shankaracharya, adicionando a ele o seu próprio. Por todo o tempo, Shankaracharya tivera a capacidade para prolongar o tempo de sua própria vida, mas não o fizera. Suas obrigações kármicas estavam concluídas e, pessoalmente, estava livre da lei do karma, mas mesmo assim aceitara seu destino. Só quando a providência divina motivou Vyasa a intervir foi que Shankaracharya concordou em permanecer no corpo.

Às vezes, em lugar de detectar brechas na lei do karma, de criar novas linhas kármicas ou de intervir diretamente no karma de alguém, um grande mestre cria uma situação na qual a pessoa pode entrar em contato com suas próprias *samskaras* espirituais e fortalecê-las espontaneamente. O caso seguinte explica como os conteúdos inconscientes da mente vêm à tona na hora da morte, como as *samskaras* mais poderosas assumem o controle e como um mestre iluminado pode nos ajudar nessa hora.

Em tempos passados, vivia um jovem chamado Ajamil, filho de um dos mestres da família real, homem muito rico. Esperando que um dia o filho herdasse seu cargo, o pai o mandou estudar num grande centro de ensino (*gurukula*), onde os mestres logo perceberam que ele era um gênio. Sua mente era tão penetrante que mesmo como aluno ele estava um passo adiante de seus professores. E como tinha uma vontade inquebrantável, ninguém pôde impedi-lo de fazer o que decidira.

Durante os últimos anos de sua formação, o melhor de todos os mestres tomou Ajamil sob sua supervisão pessoal. Com seus poderes de yogue, ele fez um inventário da vida interior de Ajamil e, pelo diagnóstico intuitivo, viu claramente que ele tinha sido um grande yogue e devoto de Bhagavan Narayana, o antigo mestre divino, por muitas encarnações. E que, por sua prática de yoga anterior, Ajamil tinha uma mente extremamente aguçada e serena. No fundo do seu coração vivia o Senhor da Vida, Narayana. Ao lado dessa *samskara*, no entanto, o mestre sábio notou que havia uma poderosa *samskara* de ambição e compreendeu que Ajamil estava totalmente equipado para cair em seu poder: tinha riquezas, a amizade de membros jovens da corte, uma personalidade fascinante, o vigor da juventude, uma vontade férrea e uma mente penetrante.

Naquela época, era costume os discípulos pedirem esmolas, mas o mestre fez com que Ajamil visitasse apenas os lugares em que não havia distrações. Além disso, advertiu claramente Ajamil que não visitasse a cidade enquanto fosse estudante. Se, por algum motivo, ele tivesse que visitar o seu pai ou o palácio, que não passasse por certas ruas.

Ajamil não levou a sério as advertências do mestre. Certo dia, quando passava por uma das ruas que seu mestre dissera para evitar, ele ouviu uma melodia encantadora que vinha de uma casa e decidiu parar para pedir esmola. Uma linda mulher abriu a porta e convidou-o a entrar. Ela era uma hábil cortesã e ele ficou fascinado por ela assim que atravessou a porta. Quando Ajamil voltou para a escola mais tarde do que costumava naquele dia, seu mestre soube imediatamente o que havia acontecido. Ele proibiu Ajamil de deixar o campus e fez tudo o que pôde para ajudar o jovem a tirar essa experiência de sua mente. Mas logo ficou comprovado que tais esforços foram em vão.

Quando terminou os estudos, Ajamil voltou para sua família. Tinha, então, liberdade para estar com a cortesã e dinheiro para gastar com ela. Apesar de seus pais terem arranjado para ele se casar com uma jovem bela e fiel, ele não se mostrou nem um pouco interessado no matrimônio. Logo depois do casamento de Ajamil, seu pai morreu e ele herdou o cargo de mestre dos filhos do rei. Como sua relação com a família real o colocava sob as vistas do público, seu relacionamento com a cortesã não demorou a ser do conhecimento de todos. O rei ficou constrangido, mas como o pai de Ajamil fora seu amigo, ele também tentou dissuadir o jovem a abandonar esse tipo de vida. Quando suas tentativas fracassaram, o rei foi obrigado a expulsá-lo da corte.

Ajamil havia herdado as riquezas do pai e, por isso, não se importou muito com a perda do cargo. Continuou a esbanjar suas riquezas com vinhos, mulheres e música. Abandonou a companhia de pessoas decentes e essas, por sua vez, também o abandonaram. Com o passar do tempo, a cortesã começou a amá-lo e deu-lhe vários filhos, mas a essa altura ele já tinha gasto tanto seu dinheiro quanto sua juventude. Por fim, incapaz de suportar a pobreza e a humilhação, Ajamil foi embora com a cortesã e os filhos. Mas aonde quer que ele fosse em busca de sustento, a fama de seu caráter decaído já havia chegado. Em todos os lugares era condenado ao ostracismo e obrigado a viver como um proscrito.

Por isso, Ajamil construiu uma cabana na floresta e virou caçador. Atormentado pela fome, pelo cansaço, pelas preocupações e pela culpa, ele envelheceu rapidamente e começou a perder a saúde. Seus filhos menores dependiam dele para terem comida e abrigo. Os maiores o culpavam pelos seus sofrimentos e misérias. Ainda assim, a força do desejo era tanta que a ex-cortesã continuou a ter filhos.

Várias décadas já tinham se passado desde que Ajamil fora estudante e estivera na presença de um homem sábio, mas certo dia o sábio Narada, que passava pela floresta, parou na cabana de Ajamil para pedir esmola, justamente quando ele estava refletindo sobre sua vida e as conseqüências de seus karmas. A voz de Narada acalmou seus sentidos, mas entristeceu o seu coração. Ajamil ficou contente por uma pessoa civilizada — um sábio — ter vindo até sua cabana, mas também constrangido por não ter nada para lhe oferecer a não ser um pouco de carne de pombo. A mulher, porém, tinha guardado um punhado de painço justamente para uma emergência como essa. Cozinhou-o e ofereceu-o a Narada. Satisfeito, o sábio resolveu descansar um pouco na cabana de Ajamil.

Ao ouvir o relato de Ajamil, Narada ofereceu-lhe um sábio conselho: "Não esqueça que você é um homem instruído", ele disse. "Afaste-se desta miséria e siga o caminho da meditação e da austeridade. Sua alma não deixou de ser pura; ela não foi afetada totalmente pelas conseqüências dos seus atos e frutos. Esqueça este mundo. Pense no nome de Narayana e recapture a luz que se ocultou dentro de você."

Mas Ajamil retrucou: "Quando é que tenho tempo para pensar em alguém, até mesmo em Deus? Ou estou doente ou caçando para dar de comer a meus filhos. Como poderia abandoná-los? Tenho que cumprir o meu dever. E tenho de cuidar desta mulher que, apesar de um dia ter sido prostituta, sacrificou sua vida confortável por minha causa. As crianças maiores já têm idade suficiente para se arranjarem por si mesmas, mas as menores morrerão se eu abandonar esta casa para procurar Deus."

Enquanto pensava em como ajudar Ajamil, Narada notou que a mulher estava grávida e um plano perfeito assaltou-lhe a mente. Virando-se para a mulher, ele disse: "Minha filha, você parece incandescer. Deve ser por causa do espírito maravilhoso que penetrou no seu útero. Aproxime-se e deixe-me ver a palma de suas mãos."

Narada comparou a palma das mãos dela com a de Ajamil e exclamou exultante: "Quão abençoados são vocês dois. O bebê traz consigo a luz de Deus. Agora, aconselho-o, Ajamil, a não caçar mais depois que a criança tiver nascido. Você deverá ficar em casa tomando conta do bebê. Eu voltarei para a cerimônia de batizado dessa criança." Depois disso, Narada entrou na floresta cantando glórias a Deus.

Quando o bebê nasceu, cumprindo com sua palavra, Narada retornou e deu a ele o nome de Narayana. Brincou com ele como se estivesse brincando com Deus na forma de uma criança. Ajamil deixou de se preocupar, embriagado que estava com o aroma divino que emanava de Narada. O sábio intensificava a sensação de Ajamil ao repetir muitas e muitas vezes o nome "Narayana" enquanto ele brincava com o bebê. Assim, sutil e habilmente, Narada iniciou Ajamil sem que esse percebesse o que estava acontecendo.

Velho e fraco, Ajamil agora brincava com o bebê recém-nascido, enquanto o resto da família coletava comida e lenha. Por todo o dia, ele ficava sentado diante do bebê, repetindo seu nome: "Narayana, Narayana." Por fim, a palavra, apesar de aparentemente dirigida ao bebê, começou a ser associada com a lembrança do seu correspondente divino que estava armazenada na sua mente inconsciente.

Passado um ano, Ajamil ficou mortalmente doente. Imediatamente antes de morrer, começou a se travar nele uma luta entre os diferentes pensamentos e lembranças. Sua consciência mostrou-lhe as impressões sutis dos atos de toda a sua vida e ele ficou apavorado. O pior de tudo era o sentimento de culpa. Todavia, juntamente com os fluxos de lembranças dolorosas vinha a lembrança do bebê Narayana. Aos poucos, as impressões sutis criadas pela palavra "Narayana" e sua correspondente divindade tornaram-se tão fortes que a associação do bebê com a palavra desapareceu. A resplandecente luz divina irradiando-se de "Narayana" queimou todos os karmas de Ajamil, bem como suas correspondentes impressões sutis e ele abandonou o corpo plenamente consciente do seu destino. Usando a palavra "Narayana" como barco, ele navegou pelo rio da mente inconsciente e, deixando para trás as ilhas tanto do céu como do inferno, ele chegou à margem da luz eterna. As escrituras referem-se a esse lugar como *vaikuntha dhama*.

As escrituras estão repletas de exemplos de sábios — Narada, Durvasa, Dattatreya, Hanuman, Gorakha Natha e dezenas de outros — que socorreram pessoas cujas vidas tinham sido tocadas pela graça divina, mas que ficaram momentaneamente enredados em remoinhos kármicos. Com suas intervenções, esses sábios serviram como canais da graça divina. Narada interveio no caso de Ajamil, porque notou que ele tinha uma poderosa *samskara* espiritual que fora encoberta pela *samskara* do desejo e do comodismo. Narada criou, portanto, uma situação na qual Ajamil pôde entrar em contato com suas *samskaras* espirituais e, pelo fortalecimento espontâneo delas, vencer outras *samskaras* e karmas que, do contrário, teriam dominado o espaço de sua mente por ocasião de sua morte.

Se nos aprofundamos na lei do karma e sua relação com a ajuda divina, vemos que nem a visita de Narada a Ajamil nem a forte ligação de Ajamil com o filho Narayana foi acidental. O domínio da "consciência Narayana" por ocasião de sua despedida final tampouco foi acidental. Ajamil era um homem extraordinariamente brilhante e, uma vez que sua genialidade, sua mente penetrante e sua vontade inquebrantável tinham sido direcionadas para o prazer sensual, ninguém podia pará-lo, nem mesmo seu mestre sábio e o rei. Mas quando ele aprendeu sua lição e ficou desgostoso tanto com o mundo quanto consigo mesmo, ele chegou a um momento decisivo. Se Ajamil já não tivesse sido abençoado com a graça de Narayana, Narada não teria entrado em sua vida. E sem Narada, Ajamil não teria caído em estado de depressão e tristeza profundas — mas teria se afogado num sofrimento interminável.

Os santos nos informam que o ser humano não pode pensar corretamente nem tomar decisões certas sem a companhia de pessoas sábias (*satsanga*) e que é impossível para ele obter a graça da companhia dessas pessoas sem a graça de Deus. Mesmo sendo a graça de Deus incondicional, dizem eles, a pessoa torna-se merecedora dela por meio dos karmas positivos. Esses, por sua vez, instigam os acontecimentos que fazem os sábios intervirem no destino em favor da providência divina. Encontramos esses santos nos momentos decisivos de nossas vidas e, sob a orientação deles, fortalecemos nossas *samskaras* de luz. Ao fazermos isso, nossas *samskaras* mundanas desvanecem-se e, assim, na hora de nossa partida, são as *samskaras* de luz que impulsionam a roda da vida.

No exemplo que acabamos de ver, quando Ajamil voltou sua face para Narayana, ele nunca mais olhou para o mundo. As forças do intelecto aguçado, da mente penetrante e da vontade inquebrantável que ele antes usava para o comodismo foram todas direcionadas para a consciência Narayana. Não restava nele mais nenhum pensamento ou sentimento que não fosse para Narayana na hora de sua morte. Por isso, depois da morte, Ajamil passou para o *vaikuntha dhama*, o plano de realidade no qual o ciclo de mortes e renascimentos deixa totalmente de existir. Essa esfera reluz com todo o esplendor que lhe é próprio. Essa esfera também é conhecida como *goloka dhama*, acessível apenas aos que transcenderam as imposições dos sentidos, e é o plano no qual o espírito deleita-se em sua própria natureza.

Como encontrar a nossa própria saída

O modo com que os sábios trabalham com os karmas de outras pessoas nos ajuda a entender o que é o karma e como ele cria nosso destino. Os relatos sobre eles fortalecem a nossa convicção de que existem grandes mestres que podem nos ajudar se estivermos inteiramente ligados a eles e se houver uma razão divina impelindo seus atos. Mas isso, na realidade, não nos ajuda a nos libertarmos da sujeição ao karma. A intervenção divina só ocorre muito raramente. Apesar de todas as religiões reconhecerem a existência de anjos da guarda e santos que são considerados abençoados com o poder para aliviar o sofrimento humano por meios extraordinários, a humanidade como um todo continua afligida por grandes sofrimentos e dores. É por isso que os yogues nos recomendam veementemente: "Ilumina-te a ti mesmo, por que ninguém mais pode te salvar."

Transcender a lei do karma é o propósito principal da yoga. Suas práticas e técnicas são os meios para se alcançar esse propósito. Todas essas práticas têm um propósito em comum: transformar os hábitos e apagar as impressões negativas armazenadas na mente inconsciente, uma vez que, segundo os yogues, as impressões kármicas criadas no passado ocupam o espaço do campo mental na hora da morte, e esse fato determina o que acontece a seguir. O mundo criado por essas *samskaras* torna-se mais real para o moribundo do que o mundo empírico que ele conheceu durante toda a sua vida. E esse mundo é aprazível, doloroso ou uma mistura de ambos, dependendo da natureza das impressões kármicas. As pessoas que estão morrendo normalmente vieram para este mundo inconscientemente: não sabem como vieram parar nele nem como irão deixá-lo e, portanto, a morte e o renascimento lhes são inconscientes. Elas estão à mercê de suas *samskaras*, porque a vontade consciente não está atuando. É isso que os yogues consideram sujeição.

Por exemplo, o apego aos objetos do mundo cria um profundo sentimento de medo e insegurança na hora da morte, porque durante toda a vida ocupamos nossa mente com a idéia de que as coisas do mundo e as pessoas que amamos são partes de nossa existência. Quando chega a hora em que temos de continuar nossa jornada sem nossos familiares, amigos e bens, nos sentimos perdidos. Mesmo sabendo que a partida é inevitável, tentamos nos agarrar a eles. Fracassamos — e somos subjugados. Nesse momento — na hora da morte — a insegurança, a frustração, o medo e a dor ocupam todo o espaço da mente e tornam-se o fluxo de pensamentos no qual somos levados para o plano seguinte. As conseqüências disso são que levamos desesperadamente esses sentimentos conosco e continuamos sofrendo por causa deles.

Para entender melhor como isso funciona, vamos examinar atentamente o que acontece na hora da morte. É evidente que deixamos de respirar. Mas antes disso, a respiração apresenta certos sinais e sintomas de morte iminente, quando o moribundo esteve doente por muito tempo ou tem idade avançada. A respiração vai ficando cada vez menos profunda e aumenta a pausa entre a inalação e a exalação. Então, como a falta de oxigênio causa a deterioração da atividade racional, desaparece aos poucos o pensamento linear consciente. A atenção passa a flutuar entre os estados consciente e inconsciente. A mente consciente, que funciona em coordenação com o cérebro, o sistema nervoso e os sentidos, começa a perder o controle e o inconsciente o assume. O moribundo não está nem plenamente consciente nem totalmente inconsciente.

Nesse estado de confusão, não somos mais capazes de usar os sentidos e o cérebro para colher informações do mundo exterior e processá-las de um modo sistemático e nem tampouco reaver consciente e sistematicamente dados do inconsciente. A confusão domina tanto a mente consciente quanto a inconsciente. O domínio sobre si mesmo desaparece e o sentimento de identidade própria dissipa-se. Nesse estado desarticulado, a mente inconsciente assume o controle, permitindo o surgimento de um mundo inteiramente diferente — feito de impressões kármicas.

Na hora da morte, normalmente são tantos os puxões e empurrões que ocorrem nos diferentes planos do nosso ser — corpo, respiração, sistema nervoso e cérebro, bem como na mente consciente e inconsciente — que não há tempo para se pensar em filosofia. Qualquer filosofia ou crença que não tenha se tornado parte integrante de nossa psique durante a nossa vida se desvanece. As *samskaras* acumuladas não apenas durante essa vida, mas também em todas as vidas anteriores, obscurecem espontaneamente o espaço mental. As *samskaras* ou grupo de *samskaras* mais fortes assumem o controle.

Mas se nesse momento conseguirmos exercer nossa força de vontade e determinação para mantermos o controle consciente sobre nós mesmos, podemos ocupar nosso espaço interior com o fluxo de pensamentos que escolhermos. A confusão só pode existir na falta de clareza — clareza é conhecimento, enquanto confusão é maya (o véu da ignorância). Quando percebemos que a morte está diante de nós e que o corpo, a respiração e a mente consciente estão a ponto de se desintegrar, podemos usar o fluxo de pensamentos que quisermos como veículo pelo qual podemos passar voluntariamente da mente consciente para a inconsciente, e isso nos impedirá de cair na confusão, mas nos possibilitará entrar no inconsciente como senhores e não como servos.

Se o fluxo de pensamentos que utilizamos como veículo estiver imbuído da consciência divina, ele poderá iluminar o plano do inconsciente, e não seremos vítimas de um fluxo aparentemente fortuito de conteúdos inconscientes. Por outro lado, se não conseguimos manter o controle consciente, seremos totalmente dependentes da natureza dos conteúdos inconscientes de nossa mente, que podem ser celestiais ou infernais ou uma mistura de ambos. É por isso que as escrituras dizem que o fluxo de pensamentos na hora da morte determina para onde vamos depois de mortos.

O corpo é como um apartamento alugado, com uma natureza como a do proprietário. Moramos nesse apartamento até nosso contrato acabar. Durante o contrato, temos de seguir as leis estabelecidas pela natureza — a violação delas causa debilidade e doença, o que resulta em despejo. Por outro lado, o cumprimento das leis da natureza — que envolve gerar uma atitude de não-violência, lealdade, compaixão, desapego e despojamento — cria um ambiente no qual podemos viver com alegria. Temos de ter sempre a consciência de que nada neste mundo, nem mesmo o corpo, é nosso. Enquanto habitamos o corpo, temos de descobrir o propósito da vida. E quando o contrato de arrendamento terminar, temos de devolver dignamente as chaves da vida para o senhorio.

Temos de chegar ao outro plano com plena consciência de que este mundo todo veio de Deus, existe em Deus e acaba retornando a Deus. É muito importante compreendermos que "Não possuo nada neste mundo — todas as coisas do mundo são dádivas de Deus que preciso usar para alcançar o propósito supremo da vida. Quando chegar a minha hora, deixarei tudo para trás sem me prender a nada." Se tivermos essa consciência, ela nos proporcionará um sentimento muito forte de liberdade na hora da morte e poderemos abandonar este corpo com dignidade. A mente inconsciente será totalmente iluminada pelo fluxo divino de pensamentos que escolhemos. Então, a morte não nos assustará nem perturbará e chegaremos ao outro plano cheios de alegria e propósito.

Por essa razão, as pessoas sábias usam sua força de vontade e determinação (*sankalpa shakti*) para criar *samskaras* espiritualmente iluminadas, pois fazendo isso elas sabem que na hora da partida irão para a luz. Tais *samskaras* são criadas pela prática constante de yoga e, quanto mais intensa e duradoura for a prática, maior será o poder que a *samskara* resultante terá sobre a mente. É por isso que os mestres consumados examinam intuitivamente o campo kármico das *samskaras* de seus discípulos para atingir a profundidade e a amplitude de suas principais *samskaras* e então determinar o método exato de contemplação que intensificará a prática (*abhyasa*) e o desapego (*vairagya*). O *vairagya* extirpa todas as tendências conscientes e inconscientes que têm origem nas potentes *samskaras* negativas, além de apagar as *samskaras* que ofuscam a alma e iluminar o caminho através da noite escura da alma. *Abhyasa* é o método preciso de prática espiritual que pode aprofundar ainda mais as *samskaras* espiritualmente iluminadoras já presentes.

As escrituras e os mestres sábios estão de acordo ao afirmar que o fluxo de pensamentos na hora da morte também determina a natureza exata do próximo nascimento. O modo pelo qual partimos determina o modo pelo qual retornamos. São as *samskaras* que ditam o fluxo de pensamentos que a pessoa terá na hora da morte. Elas também determinam como as forças prânicas se desligarão dos diferentes membros e órgãos do corpo, quais os *nadis* (canais de energia) que se tornarão especialmente ativos imediatamente antes da morte, e por qual das dez passagens do corpo nossa consciência partirá. No caso de Ajamil, por exemplo, diz-se que seu espírito deixou o corpo pela fontanela, a décima e última passagem. Na tradição da yoga, essa passagem é conhecida como *brahma randhra* ou *brahma dvara*, a passagem para a consciência suprema.

Outras pessoas que, devido a seus obstáculos kármicos, não conseguem alcançar e manter-se nesse estado elevado de consciência na hora da morte são forçadas pela natureza a utilizar uma das outras nove passagens, as quais levam a planos ainda sob o domínio do ciclo de mortes e renascimentos. Assim, por determinar o fluxo de pensamentos que teremos na hora da morte, nossas *samskaras* também determinam a passagem que nos cabe usar e, conseqüentemente, o lugar para onde vamos após a morte. A anatomia da morte determina por sua vez a dinâmica do nosso renascimento. Em outras palavras, é o processo da morte que detém a chave para o mistério do renascimento e são os nossos karmas que determinam a anatomia da morte.

CAPÍTULO 6

O Propulsor da Morte e do Renascimento

Para a maioria das tradições espirituais do mundo, são as nossas más ações que impedem a graça de Deus de chegar até nós. No *Yoga Sutra* (2:12-13), Patanjali afirma que nascer numa determinada espécie é o resultado de nossos karmas anteriores, os quais também determinam por quanto tempo viveremos neste corpo e que destino ele nos reserva. Mesmo as tradições que não acreditam na reencarnação enfatizam a importância das ações (karmas) na determinação de para onde vamos após a morte. Hindus, cristãos e budistas, todos acreditam que seus salvadores são misericordiosos, clementes, oniscientes e capazes de salvar todas as almas, mas existem pessoas em todas essas três tradições que continuam acreditando na existência do inferno e do limbo. Isso sugere que existem alguns que nunca alcançam o céu, apesar da graça de Deus e dos esforços do salvador. Em suma, são os nossos próprios atos que nos tornam merecedores do céu ou do inferno.

As escrituras yogues dão pouca atenção à idéia de céu e inferno, mas muitos textos seculares — por exemplo, os Puranas — pintam um quadro detalhado de ambos os mundos, sustentando que, após a morte, a maioria das almas descansa temporariamente num desses lugares. Uma vez aí, elas estão sujeitas a diferentes graus de prazer e dor. Os prazeres do céu parecem ser preferíveis aos tormentos do inferno, mas no céu também não se está livre do sofrimento. Os que não sabem lidar com o ciúme e os sentimentos de inferioridade e/ou superioridade, por exemplo, continuam sofrendo mesmo no céu quando observam que os outros são merecedores de diferentes graus de prazer. Os vestígios do desejo e do ciúme obrigam essas almas a criar e apegar-se a seus próprios infernos pessoais, mesmo estando no céu. Quando seus karmas positivos são exauridos, a alma volta para o mundo mortal. De maneira similar, as que estão no inferno permanecem ali até ter dissipado seus karmas negativos e, então, elas também renascem.

Da descrição do céu e do inferno contida nos Puranas e textos afins, podemos tirar as seguintes conclusões:

Existem planos de consciência para os quais nos encaminhamos se não renascemos logo após a morte.

Esses planos não são moradas permanentes. Espíritos não libertos podem residir ali temporariamente durante a transição da morte para o renascimento.

As idéias de prazer e dor, que são meros estados mentais, continuam existindo nesses planos.

Apesar de não termos corpo, a experiência do prazer e da dor nesses planos é mais intensa do que no mundo mortal, o que indica que a mente continua tendo os meios de satisfazer suas necessidades ou de sofrer por elas.

Mas existem realmente céu e inferno ou qualquer plano numa esfera imperceptível? De acordo com as religiões, a resposta é definitivamente sim.

De acordo com a yoga, a resposta é sim e não. Os mundos do além existem para aqueles que acreditam firmemente neles, dizem os yogues, uma vez que, pelas nossas convicções, criamos diferentes realidades no plano mental. Não conseguimos, no entanto, viver inteiramente nesse plano por causa das limitações que nos são impostas pelo mundo fenomênico, mas quando morremos e perdemos o contato com o mundo fenomênico, essas limitações são removidas e tudo o que resta é o mundo de nossas convicções. Aqueles que consideram seus atos em termos de preto e branco e que buscam o castigo e a recompensa tendem a ir ou para o inferno ou para o céu. Aqueles cuja consciência diz que seus atos não são nem tão pretos nem tão brancos, enquanto a parte doutrinária da mente insiste que são, acabam no limbo, conhecido como *preta* ou *pishacha yoni*. Nas palavras do Bhagavad Gita (4:24-25), "Os que acreditam em fantasmas vão para o reino dos fantasmas. Os adoradores dos deuses vão para o reino dos deuses. Os adoradores da verdade suprema, do Ser Divino puro, vão para o reino do Divino." Portanto, se nossa convicção diz que o céu ou o inferno nos aguarda após a morte, é para lá que iremos. Mais precisamente: se formos hindus, teremos de ir para o céu ou para o inferno hinduísta; se formos cristãos, teremos de ir para o céu ou para o inferno cristão, e assim por diante.

Os textos seculares descrevem detalhadamente o céu e o inferno, assim como o caminho que leva a eles. Esses textos, entretanto, não pertencem estritamente ao âmbito da yoga, mas são antes uma mistura de práticas religiosas, costumes, superstições, dogmas, filosofia e psicologia, bem como de algumas disciplinas da yoga. Mas se o simbolismo da yoga contido neles é decifrado corretamente, eles oferecem uma explicação clara da dinâmica da morte e do nascimento, bem como das forças que impulsionam esse processo.

A jornada para o céu ou para o inferno

De acordo com os textos seculares, a morte é um processo sistemático, no qual o período imediatamente anterior à morte factual é crucial. Ele ocorre com a chegada dos mensageiros de Yamaraja, o rei da morte. Aqueles, entretanto, que renunciaram a si mesmos e entregaram todos os seus desejos, pensamentos, sentimentos, perdas e ganhos a Deus recebem a visita dos mensageiros do Ser Divino. Esses não são da mesma espécie dos mensageiros do rei da morte.

Com exceção desses seres abençoados, toda pessoa moribunda tem de obedecer à ordem dos mensageiros de Yamaraja. Temos de deixar o corpo para trás, queiramos ou não, e se tentarmos nos agarrar ao corpo por medo, apego e desejo, a natureza alia-se aos mensageiros da morte para nos expulsar. Então, acompanhados pelos mensageiros, chegamos a um grande rio habitado por todos os tipos de criaturas — crocodilos, peixes, golfinhos, tubarões e até mesmo vacas. Esse rio tem muitos pontos de travessia, e os mensageiros nos lançam em um deles sem nos consultar. Eles permanecem na margem e temos de atravessar o rio sozinhos.

O rio é profundo e, enquanto o atravessamos a nado, temos de enfrentar as criaturas que ali vivem. Tudo pode acontecer — a água pode ser limpa ou contaminada; podemos ficar presos na correnteza ou sermos perseguidos por um crocodilo; podemos começar a afundar e, de repente, sermos puxados de volta para a superfície por um peixe amigo; talvez, no momento seguinte, um tubarão nos arranque um pedaço de carne. Podemos ver nossos amigos ou inimigos nadando ou afogando-se perto de nós. Se tivermos sorte, os mensageiros nos deixam em travessias onde há vacas especiais, animais inteligentes que são experientes nadadores. Elas nos estendem suas caudas como se fossem cordas e puxam-nos em segurança através do rio. Independentemente de a travessia ter sido fácil ou difícil, nós reencontramos os mensageiros no outro lado do rio e eles nos levam para a cidade do rei da morte, onde somos recebidos pelo seu guarda-livros. Se nossos registros kármicos forem claros e diretos, seremos mandados ou para o céu ou para o inferno. Se, no entanto, forem complexos, ou se nós os contestarmos, seremos levados à sala onde Yamaraja está sentado em seu trono. Sem misericórdia ou crueldade, sem se deixar influenciar por qualquer sentimento, ele examina nossos registros kármicos e pesa os prós e os contras. Em seguida, ele decide para onde iremos, e sua decisão é definitiva.

Somos então levados para áreas específicas do céu ou do inferno, das quais algumas são melhores e outras piores. O tempo que permaneceremos ali é determinado por nossos karmas. Seja desfrutando os prazeres do céu ou sofrendo as dores do inferno, os karmas que nos levaram para esse lugar acabam sendo exauridos. Então, somos mandados de volta ao plano terreno para recomeçarmos a vida.

Os yogues interpretam esse drama simbolicamente. De acordo com suas experiências, os mensageiros do rei da morte representam as forças do tempo. Essas forças são pontuais — não podem se antecipar — e, uma vez que tenham chegado, não podemos evitar sua presença. Sabemos também o significado de sua vinda: é hora de abandonar o corpo e seguir em frente.

Desejos, preocupações, insegurança, medo, doenças e velhice prepararam o terreno para os mensageiros, mas muito antes de eles de fato chegarem, nós alimentamos o medo da morte tanto no plano da consciência quanto no da inconsciência. Quando a morte chega de fato, esses sentimentos se intensificam. Aqueles que não acolhem de boa vontade a mensagem de que o tempo neste corpo acabou morrem infelizes.

Essa mensagem não nos oferece nenhuma alternativa, mas um forte apego ao corpo, aos familiares, amigos e posses nos faz agarrar-nos à vida e causa um profundo sentimento de medo. Por toda a vida ocupamos a mente com a idéia de que as coisas do mundo e as pessoas que amamos fazem parte de nossa existência, e agora, juntamente com o nosso medo do desconhecido, intensifica-se o medo de perder nossas relações e posses. A morte em si não é dolorosa — é o medo da perda e o medo do desconhecido que atormentam a mente.

No momento em que os mensageiros da morte, as forças do tempo, chegam, nossa energia vital (*prana*) os reconhece. Sem considerar nossos desejos e anseios, ela obedece às ordens deles e gradualmente deixa o corpo, o cérebro e a mente consciente. E, à medida que ela vai saindo, nossos membros, órgãos, sistema nervoso e cérebro começam a perder a capacidade de funcionar. Dominados pelo medo e pela confusão, tentamos desesperadamente continuar vivendo, canalizando todas as nossas energias para nos agarrar à vida — mas não conseguimos. O vínculo da energia vital com o corpo e a mente consciente é cortado. Esse é o momento em que ocorre a morte.

Quando um moribundo tenta agarrar-se à vida, o processo da morte vem acompanhado de caos interior. Trava-se uma guerra entre a energia vital abandonando o corpo e o indivíduo tentando puxá-la de volta. Mas a morte vencerá: no meio da comoção, a energia prânica continua inexoravelmente a retirar-se do sistema de canais energéticos.

Esses canais de energia, ou *nadis*, cruzam-se em vários lugares do corpo. Quando três ou mais *nadis* juntam-se, eles formam um círculo de energia, ou *chakra*. Existem dez chakras principais: o *muladhara*, na base da coluna; o *svadhishthana*, na região pélvica; o *manipura*, na região do umbigo; o *anahata*, na região do coração; o *vishuddha*, na garganta; o *ajna*, no ponto entre as sobrancelhas; e os *vhrikuti*, *trikuti* e *sahasrara*, todos estão acima do chakra *ajna*. Todos os dez chakras são também centros de consciência e funcionam como passagens. Se essas passagens estão abertas, as energias prânicas que percorrem os *nadis* podem deixar o corpo através delas. Mas, na hora da morte, nove das dez passagens estão fechadas. Nossos karmas exercem um papel crucial nisso, influenciando o bloqueio e o desbloqueio de nossos canais energéticos, até permanecer aberto apenas o canal pelo qual a energia prânica finalmente acaba saindo. A mente inconsciente e o espírito sairão por esse mesmo canal.

A relação entre o prana e a mente (que inclui os sentidos) é análoga à relação da abelha-rainha com as operárias. As operárias aglomeram-se em volta da rainha; se essa sai da colméia, elas vão atrás. Da mesma maneira, a mente e os sentidos seguem o prana quando ele abandona os *nadis* e seus membros e órgãos correspondentes; eles abandonam o corpo pelo mesmo canal pelo qual a rainha o abandonou.

As pessoas nas quais predomina o apego e as que não estão plenamente assentadas numa prática espiritual autêntica e sistemática estão totalmente à mercê de seus karmas. E como esses karmas estão contagiados pelo apego e por muitas outras emoções, como o desejo, o medo, o ódio, o ciúme e a ganância, as energias prânicas e a consciência tendem naturalmente a mover-se para os chakras inferiores na hora da morte. Se não entendemos como o karma nos prende ao corpo e como as energias prânicas mantêm o corpo vivo, ficamos apavorados diante da morte. Recusamo-nos a partir voluntariamente quando os mensageiros do rei da morte chegam — mas a natureza nos chuta para fora assim mesmo. É tarde demais para escolhermos uma passagem e somos empurrados para o desconhecido.

Quando a energia vital o abandonou, o corpo fica sem vida e começa a jornada pelo além. Chegamos ao rio da mente. Seu nome é *Vaitarani*, literalmente "aquele que pode ser atravessado somente por nadadores capazes", pois esse rio é o repositório de nossos karmas e sua travessia é uma jornada interior. Não podemos fugir dos conteúdos de nossa mente durante essa jornada. Os problemas e as preocupações que nos enredaram durante a vida nos aprisionam ainda mais agora, porque em vida tínhamos família, amigos, professores, terapeutas e — mais importante — nossa própria mente consciente e intelecto para nos ajudar a lidar com os problemas. Agora, não temos mais nenhum deles e estamos sozinhos com os conteúdos de nosso inconsciente.

Além disso, quando habitávamos o plano terreno, os acontecimentos e experiências ocorriam em seqüência — percebíamos e experimentávamos uma coisa de cada vez. Mas a mente inconsciente não segue as leis do tempo, do espaço e da causalidade, e somos engolfados por ela. Raiva, ódio, ciúme, cobiça, apego, desejo, atração, repulsão, bondade, crueldade, compaixão, auto-respeito, culpa e uma série de outras emoções nos assaltam simultaneamente sem nenhuma causa discernível e nenhuma ordem aparente. Afundamos, flutuamos, somos levados pela correnteza, nos confrontamos com um crocodilo, nadamos facilmente por um momento, ingerimos água contaminada ou recebemos o empurrão de um golfinho amigo, e tudo isso ocorre como algo totalmente fortuito e caótico.

Os mensageiros do rei da morte são neutros; eles entendem a lei do karma e operam em perfeita conformidade com ela. Abandonam-nos no lugar exato em que nos cabe atravessar o rio. Uma parte do rio é o repositório de nossos atos virtuosos: é onde residem as vacas especiais. Se tivermos a sorte de sermos deixados ali, aquelas criaturas inteligentes e exímias nadadoras nos oferecerão suas caudas e nos puxarão através do rio. (A palavra que em sânscrito designa "vaca" é *go* — que também significa "sentidos" e "raio de luz".) Essas vacas são a caridade, a ajuda desinteressada, o autodomínio e as práticas espirituais que dissipam as trevas da ignorância. Elas vêm em socorro daqueles que venceram as imposições de seus sentidos, bem como daqueles que foram tocados pela luz espiritual e, assim, tiveram seu mundo interior iluminado. Em tais casos, elas avançam e os puxam em segurança para a outra margem do rio da mente.

Por outro lado, se nossa mente foi complicada e confusa e com isso acumulamos *samskaras* complicadas e confusas, somos largados num ponto de travessia em que teremos de confrontar e lutar com nossas *samskaras*. Mas mais cedo ou mais tarde, de forma aprazível ou dolorosa, alcançaremos a outra margem com um melhor entendimento de nós mesmos. Começa então outra luta, entre a negação e a aceitação, a culpa e o consolo. Enquanto ela é travada, vemos todos os nossos atos e reconhecemos suas conseqüências, bem como nossa responsabilidade por eles. Então, nos vemos com clareza: não podemos fugir do que somos.

Depois, chegamos à cidade-sede do rei da morte. É *Samyamani Puri*, a cidade do controlador interior — a consciência. E ali encontramos o guarda-livros do rei, Chitra Gupta. *Chitra* quer dizer "imagem" ou "reflexo de várias formas"; e *gupta* significa "oculto ou misterioso". Chitra Gupta é, portanto, a voz do coração, aquela que se oculta em todas as formas e facetas que assumimos durante a vida, aquela que testemunha nossos pensamentos, palavras e atos. Nada escapa ao guarda-livros do rei da morte. Como a essa altura nós já reconhecemos nossos atos, suas conseqüências e nossa responsabilidade por eles, Chitra Gupta simplesmente confirma o reconhecimento e nos designa ou o céu ou o inferno com base em nossos karmas.

Mas, se conseguimos durante a vida aperfeiçoar a arte de matar nossa consciência, ignorando a voz do coração e aprendendo a viver confortavelmente com o engano de nós mesmos, as impressões sutis desse engano nos levam a discutir com a nossa consciência. Se isso acontece, o guarda-livros leva-nos à corte do rei da morte, Yamaraja, o representante da imortalidade dentro de nós. Ele é o mestre principal e o guru de Nachiketa (o discípulo totalmente preparado que se dedica inteiramente a adquirir conhecimento espiritual). Yamaraja é, ao mesmo tempo, o mais bondoso e o mais cruel dos seres. Seu brilho ofusca um bilhão de sóis e, diante da força dessa luz, só a verdade pode existir. O engano de nós mesmos se desvanece e temos de assumir o lugar que nos cabe.

Prevendo o lugar de destino

Nossos karmas são o único veículo que nos levam para o céu ou para o inferno e, sabendo quais são eles, podemos prever o nosso lugar de destino. O problema está na limitação atual da mente e do intelecto de que dispomos, que não nos permite apreender a complexidade de nossos karmas. E mesmo que conhecêssemos todos os nossos karmas, a história de Jaigishavya, que vimos no Capítulo 2, deixa claro que até mesmo yogues consumados podem se confundir ao entrar em contato com o infinito número de *samskaras* armazenado no campo de suas mentes. Os textos yogues nos informam que é impossível para qualquer um que não seja o Ser Divino onisciente conhecer todos os karmas.

O fluxo de prana na hora da morte é regulado pelas forças do nosso karma, que determina por qual canal em particular a energia prânica deixa o corpo, e isso, por sua vez, determina a jornada que se segue. Podemos fazer algumas previsões a respeito do lugar de destino do espírito que parte, dizem as escrituras, pela observação do movimento do prana e da hora exata que ele deixa o corpo.

Segundo o Bhagavad Gita, todos os espíritos não-libertos têm de seguir um destes dois caminhos após a morte: *deva yana* ou *pitri yana*, o caminho dos deuses ou o caminho dos ancestrais. O caminho dos deuses está envolto em luz, e o caminho dos ancestrais, em fumaça. O caminho dos deuses é aberto no intervalo de seis meses entre os equinócios da primavera e do outono. O caminho dos ancestrais é aberto no período dos outros seis meses. A regra geral e simples é que as pessoas que morrem entre os equinócios da primavera e do outono vão para o lugar dos deuses, e as que morrem durante a outra metade do ano vão para o lugar dos ancestrais. Nesse esquema geral, existem horas mais precisas relacionadas com o caminho dos deuses ou com o caminho dos ancestrais. Por exemplo, as pessoas que morrem durante o dia vão para o lugar dos deuses, e as que morrem durante a noite vão para o lugar dos ancestrais.

Pela interpretação da yoga, o período de seis meses que segue o equinócio da primavera corresponde ao predomínio da energia solar no nosso corpo, cujo indício é a passagem do ar pela narina direita (*pingala nadi*); o período de seis meses depois do equinócio do outono corresponde ao predomínio da energia lunar, indicada pela passagem do ar pela narina esquerda (*ida nadi*). Os yogues consumados, que podem deixar seus corpos quando querem, freqüentemente o fazem durante o crepúsculo, quando a corrente de ar e o prana fluem igualmente através de ambas as narinas. Nessa hora, o dia e a noite, o sol e a lua, estão unidos, e o yogue que deixa o corpo então não vai nem para o céu nem para o inferno, mas transcende a ambos. Entretanto, independentemente da hora do dia, os yogues consumados podem, se quiserem, criar a atmosfera crepuscular no interior do próprio corpo, abrindo o *sushumna nadi* e deixando o corpo enquanto esse *nadi* está ativo.

O canal pelo qual o prana deixa o corpo é outro indício do lugar de destino do espírito. De acordo com um célebre texto da yoga, o *Saundaryalahari*, os dois chakras inferiores — o *muladhara* e o *svadhishthana* — estão ligados, respectivamente, aos lugares de escuridão total e de escuridão. O prana de um espírito não-liberto deixa o corpo através de um desses dois chakras e vai para o lugar de escuridão. Os que deixam o corpo através do chakra *manipura* (do umbigo) vão para o reino dos seres iluminados (*deva loka*) e voltam a renascer depois de gozar os prazeres celestiais.

Aqueles que deixam o corpo através de qualquer um dos chakras acima do *manipura* estão livres da ilusão (inclusive da ilusão de céu e inferno) e só renascem se quiserem. Centenas de *nadis* encontram-se no chakra *anahata* (o chakra do coração). Na maioria de nós, eles se enredaram e ataram-se, mas podem ser desenredados com a ajuda da meditação, da contemplação, da oração, do serviço abnegado, dos atos de caridade, das bênçãos dos santos e da graça de Deus. Quando isso acontece, a energia flui livremente por todos os *nadis* do chakra do coração e o prana deixa o corpo através desse chakra na hora da morte. Seguindo o prana, a consciência deixa o corpo pelo mesmo canal e vai para o plano do Divino, que transcende tanto o céu como o inferno (*Katha Upanishad* 2:3:14-18).

Liberdade para colher os frutos dos karmas

Quanto de liberdade de escolha nós temos para decidir quando e como vamos morrer e para onde iremos após a morte? Tanto as escrituras quanto os sábios afirmam que os seres humanos têm um alto grau de liberdade com respeito a essas escolhas. Somos a única espécie que pode, por meio de nossos atos, criar novos karmas e apagar os antigos. A natureza nos dotou da capacidade de pensar, decidir, planejar e executar nossos planos. Nenhuma outra espécie tem esse privilégio na mesma medida que nós. É por isso que somos a única espécie considerada como *karma yonis* — seres que podem colher os frutos de suas ações.

Segundo as escrituras, todos os seres vivos pertencem a uma das três seguintes categorias: *divya yonis*, *bhoga yonis* e *karma yonis*. Os *divya yonis* são os seres que habitam corpos feitos de pura luz em lugar de corpos materiais. Esses são corpos sutis nos quais a consciência desses seres, constituída de mente e de sentidos, se aloja. Os *divya yonis* vêem, sentem e percebem exatamente como nós. Contudo, suas boas ações não produzem nenhum resultado. As escrituras nos informam que esses seres, considerados celestiais, foram uma vez humanos e acumularam *samskaras* enaltecedoras através de boas obras e de práticas espirituais. No entanto, como tinham pouco conhecimento, não conseguiram dissociar-se de suas boas ações nem entregá-las ao Divino. Suas boas ações eram motivadas por suas expectativas de recompensa e, assim, elas foram recompensadas com corpo e prazeres celestiais.

Mas os *divya yonis* não têm o privilégio de encontrar o propósito da vida e nem mesmo o privilégio de procurá-lo, pois faltam-lhes a capacidade e os recursos para realizar práticas espirituais iluminadoras. Eles vivem do acúmulo de karmas positivos que, se fossem seres humanos, poderiam reinvestir em algum propósito maior: iluminação e libertação do ciclo de nascimento e morte. Assim, por habitar corpos celestiais, eles na verdade retrocedem em sua evolução espiritual. Quando os karmas que deram a eles corpos de luz são exauridos, eles voltam ao plano terreno para descobrir o sentido e o propósito da vida.

A segunda espécie de seres vivos, a dos *bhoga yonis*, tem pouca ou nenhuma liberdade para mudar sua situação ou para livrar-se dela. As espécies que pertencem a essa categoria têm uma capacidade limitada de perceber e sentir. A natureza lhes dotou de uma capacidade reduzida de sentir prazer, mas a consciência delas ocupa-se sobretudo com a satisfação de suas necessidades primárias: comer, dormir, fazer sexo e autopreservar-se. Seus corpos são dotados de cérebro e sistema nervoso subdesenvolvidos; os órgãos sensoriais que lhes possibilitam sobreviver e procriar são os únicos sentidos bem desenvolvidos.

Nada que um *bhoga yoni* faz durante o curso de seu ciclo de vida gera o karma. Um leão, por exemplo, não atrai sobre si nenhum karma ao matar um ser humano. Assim como os seres celestiais exaurem seus karmas desfrutando de prazeres extraterrestres, os *bhoga yonis* exaurem seus karmas simplesmente completando seu ciclo de vida de acordo com os ditames da natureza. Na hora da morte, eles não são influenciados pelas impressões sutis de seus atos, porque esses são guiados pelos instintos que são, por sua vez, governados pela natureza. A inteligência pouco desenvolvida e a falta de ego desses seres não lhes permitem identificar-se com seus atos e, por isso, eles não conhecem nem a vergonha nem a culpa. Com exceção do instinto de preservação, a consciência deles não é dominada pelo desejo, apego, sentimento de culpa e arrependimento na hora da morte.

Algumas escrituras dizem que são *bhoga yonis* aqueles que não exerceram suas capacidades de inteligência e discriminação quando foram humanos. Eles acumularam *samskaras* degradantes ao realizar atos desprezíveis que, por sua ignorância, não podiam nem purificar nem renunciar. Mas essas escrituras nos advertem que adotar uma atitude hipócrita ou punitiva para com essa categoria de seres já é em si mesma uma ação ignóbil, que vai gerar o mesmo tipo de karma que faz com que um ser nasça *bhoga yoni*. Por exemplo, achar que o sofrimento e a infelicidade de um gato perdido seja resultado de seu karma e, em conseqüência disso, sentir-se indiferente diante de seu estado miserável, cria um karma degradante que pode nos puxar para um estado igualmente miserável.

A terceira categoria de seres, a dos *karma yonis*, é dotada de um alto grau de inteligência, de faculdades mentais organizadas e de um corpo constituído de cérebro, sistema nervoso e órgãos sensoriais eficientes. Como os *bhoga yonis*, nós seres humanos somos influenciados pelos quatro instintos básicos: comer, dormir, fazer sexo e desejar preservar a si mesmo; mas nosso conhecimento e poder de discriminação nos impedem de sermos inteiramente motivados por esses instintos. Nossos dons extraordinários envolvem uma maior responsabilidade — podemos e de fato colhemos os frutos de nossas ações.

Embora, com raras exceções, nós seres humanos não tenhamos total liberdade de escolha, se fizermos o melhor uso possível da liberdade que temos, poderemos acabar nos libertando da sujeição ao karma. Os instrumentos eficientes de que a natureza nos proveu nos permitem distinguir o certo do errado e saber o que é real e o que é irreal. Temos capacidade para tomar decisões conscientes, verificar sua validade à luz da razão e agir de acordo com elas. Temos também o privilégio de nos basearmos nos conhecimentos e experiências dos que existiram antes de nós. Por isso, diferentemente dos *divya yonis* e dos *bhoga yonis*, para os quais o único propósito da vida é exaurir os karmas que os levaram a tal condição, o propósito de vida de um *karma yoni* é realizar ações que desfaçam, ou que pelo menos afrouxem, os laços kármicos anteriores e alcançar a experiência direta do ser imortal. Essa oportunidade só é dada aos que nascem como seres humanos.

Como criar karmas positivos

Como é através de nossos atos que nos tornamos criadores do nosso destino, temos de tomar cuidado com o que fazemos. A lei do karma é tão complexa que é improvável que um dia cheguemos a saber que karma ou grupo de karmas nos faz nascer sábios, rainhas, cães, lagartas ou plantas. Mas independentemente de nosso entendimento, o destino é o resultado de nossos karmas. Plantamos sementes que acabam germinando, crescendo, florescendo e dando frutos. Apesar de não conhecermos inteiramente sua dinâmica, esse processo ocorre. A mesma força que faz com que uma semente de maçã se transforme numa macieira, que produz maçãs e não cocos, pêssegos ou nozes, garante que as sementes kármicas que plantamos acabem dando os devidos frutos.

Vimos que nossos karmas anteriores nos impedem de ter uma liberdade de escolha que seja total, mas a que temos já é suficiente para fazer de nós criadores do nosso destino. A doutrina do karma não é fatalista. Pelo contrário, ela proclama que Deus ou a providência divina ajuda a quem se ajuda. Se usamos o grau de liberdade de escolha que temos com determinação e fé, a natureza começa a ampliar o alcance dessa liberdade. É assim que evoluímos espiritualmente. Ouvindo nossa voz interior e consultando as escrituras e os santos para confirmar sua validade, chegamos ao pleno entendimento de nossos atos.

Então, se realizamos nossas ações abnegadamente, com amor e habilidade, nós atenuamos antigos karmas negativos e, ao mesmo tempo, geramos novos karmas positivos e edificantes. Assim é a karma-yoga: serviço abnegado. E uma vez que começamos a reestruturar nosso destino seguindo o caminho da karma-yoga, a providência divina vem em nossa ajuda de uma forma ou de outra.

As ações realizadas no caminho da karma-yoga não podem, é claro, mudar o curso do destino da nossa vida atual — o destino já determinou o nosso nascimento, nossa longevidade e outros aspectos da nossa vida. Mas essas ações podem minimizar a influência das linhas secundárias do nosso destino e, com isso, elas podem impedir a infelicidade futura.

O caminho da karma-yoga é a base de todos os outros caminhos. O serviço abnegado purifica o caminho do espírito; sem essa purificação, nosso coração e mente permanecem presos aos problemas mundanos. Independentemente do caminho espiritual que acabamos seguindo, não nos é possível escapar da karma-yoga — ela nos ajuda a obter virtudes, o que, por

sua vez, atrai para nós a graça de Deus na forma de pensamento correto (*vichara*) e do encontro de pessoas sábias (*satsanga*) nos momentos cruciais da vida.
Dizem as escrituras que o mestre aparece quando o discípulo está preparado. O serviço abnegado é o meio de se preparar. Ele começa a transformar a tendência da mente para identificar-se apenas com o mundo material com o intuito de se deixar atrair para os planos mais sutis da existência. Por isso, as escrituras colocam a seguinte questão: "Como podem aqueles que não criaram karmas positivos meditar sobre ti ou mesmo reconhecer-te, ó Mãe Divina?" (*Saundaryalahari* 1).

Como criar samskaras espiritualmente fortes

Criar karmas positivos ajuda a estabelecer a base, mas a karma-yoga por si mesma é um longo e tortuoso caminho de libertação da sujeição ao karma. Até mesmo o ato mais nobre de não-violência e compaixão envolve algum grau de sofrimento para alguém, em algum lugar — não existem atos que não causem nenhum efeito kármico negativo absolutamente. Por mais habilidade e sabedoria que usemos no desempenho de nossos atos enquanto vivemos neste mundo, eles não deixam de ter algum grau de negatividade. A liberdade total da sujeição ao karma envolve deixar o plano do karma — incluindo a prática da karma-yoga.
Fazemos isso por meio da meditação. O *Yoga Sutra* afirma que só as *samskaras* criadas por esse meio não aumentam a sujeição. E nesse estado supremo de absorção espiritual (*samadhi*), até mesmo a *samskara* da meditação se dissolve totalmente. As escrituras nos recomendam que usemos o caminho do serviço abnegado como ponto de partida, mas que evitemos nos apegar a ele. Temos de ser vigilantes. Enquanto nos dedicamos ao caminho do serviço, temos também de explorar um dos caminhos que levam diretamente ao lugar de destino. Esses caminhos são os da meditação, do conhecimento e da devoção. Cada um deles, quando seguido com diligência, é como uma espada afiada que corta em pedaços todos os fios do karma, ou como um fogo que os queima.
Uma disciplina espiritual torna-se ainda mais poderosa e eficaz quando é acompanhada de fé, entusiasmo, boa memória, agudeza e sabedoria intuitiva (*Yoga Sutra* 1:20-21). E se nos entregamos a uma intensa prática espiritual, nos aproximamos ainda mais rapidamente da meta. A intensidade faz a disciplina espiritual brilhar.

Quando nossa prática é intensa, ficamos tão absorvidos nela que nada mais importa. Quando colocamos inteiramente o coração e a mente em nossa prática fervorosa, tudo o mais se desvanece, até mesmo a preocupação com os resultados desejados. As *samskaras* criadas por tal intensidade são mais fortes do que as criadas por nossas atividades normais e, diante dessas *samskaras* espiritualmente fortes, as *samskaras* de outros atos — por mais influentes que eles tenham sido anteriormente — perdem sua potência.

O outro meio de criar *samskaras* espirituais potentes é pela nossa entrega a Deus (*Yoga Sutra* 1:23). As *samskaras* criadas por esse meio também serão melhores do que todas as outras. Mas o caminho da entrega não é fácil. Na realidade, ele é mais difícil do que o da prática intensa, exigindo muita devoção e meditação sobre Deus.

Os yogues dizem que a prática intensa ou a entrega total cria sulcos profundos no campo da mente e que as *samskaras* deles resultantes ocupam, portanto, a mente na hora da morte. Então, no momento da morte, quando a mente se livra de lembranças, ansiedades, medos, desejos, apegos e todos os outros pensamentos e emoções, as energias prânicas são canalizadas para o chakra no qual a prática se concentrara e deixam o corpo através desse chakra. Por exemplo, o prana e a mente inconsciente de um *bhaktiyogue* que sempre concentrou sua meditação no chakra do coração vão deixar o corpo dele através desse chakra.

O recomeço da jornada

O propósito da vida é conhecer o nosso verdadeiro eu — aquele que é divino e uno com o ser universal. Se conseguimos isso, nos integramos no ser imortal na hora da morte e ficamos totalmente livres da jornada pelo além.

Se nos dedicamos inteiramente à entrega ou a uma prática intensa, mas ainda não alcançamos a realização perfeita quando a morte chega, mesmo assim deixamos o corpo de um modo glorioso. O amor pela prática terá destruído nosso interesse tanto pelo céu quanto pelo inferno e nos libertado das emoções que normalmente nos prendem a nossos amigos ou inimigos. Não temos nenhuma necessidade de gozar os prazeres do céu nem de sofrer os tormentos do inferno. Nosso inconsciente (*chitta*) é absorvido por sua correspondente maior, *prakriti* (natureza primordial), que passa a ter a tutela de nosso inconsciente.

Assim como a natureza faz com que uma semente de maçã produza apenas maçãs, ela também faz com que nasçamos na hora certa, no lugar certo e na família certa. No Bhagavad-Gita (6:37-45), o Senhor Krishna diz a Arjuna: "Um yogue devotado a uma prática intensa e que morre antes de concluir a prática volta a nascer numa família de yogues desenvolvidos." O *Yoga Sutra* (1:19) refere-se a essas pessoas como yogues *bhava pratyaya* — isto é, yogues que herdaram ao nascer o conhecimento e a experiência da yoga. Eles também são conhecidos como *videhas* ou *prakriti layas* — isto é, aqueles que continuam integrados na *prakriti* (natureza primordial) até renascer.

No plano sutil, os pais apropriados nos atraem, no caso de fazermos parte desses poucos afortunados, e nós os atraímos. Assim, nascemos numa família que está preparada para nos prover dos recursos necessários para prosseguirmos nossa jornada como yogues consumados. Por exemplo, se somos um *videha* ou um *prakriti laya* podemos nascer como filho de um pai dotado de grande erudição e conhecedor das escrituras. A companhia dele, bem como sua biblioteca, tornam-se fonte de inspiração. A abnegação de nossa mãe e seu terno amor abrem o nosso coração. Professores cultos e pessoas sábias visitam periodicamente a família, oferecendo amor incondicional e orientação, e nós retomamos a nossa jornada no ponto em que ela foi interrompida pela morte.

Outra possibilidade é que a oportunidade para retomar nossa jornada surja de uma maneira misteriosa, dramática ou até mesmo desagradável. Por exemplo, a de nossos pais morrer quando ainda somos pequenos. Privados do amor e do carinho, pode aparecer um santo que nos adote, transformando nossos sentimentos de perda e abandono em amor e entrega a Deus. Educados assim pelo método da yoga, quando chegamos à adolescência já estamos bastante avançados no nosso caminho.

De qualquer maneira, as pessoas que dedicam a vida a uma prática intensa e morrem antes de completá-la deixam o corpo com paz de espírito. Elas não têm de enfrentar o guarda-livros da morte. Como uma mãe compassiva, a natureza assume a tutela deles. Essas pessoas deixam o mundo por obra da graça e, com a ajuda da inteligência da natureza, voltam ao mundo também por obra da graça.

As pessoas que seguem um caminho menos intenso acumulam *samskaras* espirituais mais brandas, juntamente com outros karmas e suas *samskaras*. Viemos para este mundo com um conjunto de karmas positivos e negativos e vivemos uma vida feita de experiências agradáveis e desagradáveis; temos desejos tanto materiais quanto espirituais e, portanto, andamos numa montanha-russa de sucesso e fracasso, respeito e insulto, prazer e dor. Ocasionalmente, vislumbramos a luz interior para, em seguida, perdê-la novamente de vista. Por isso, passamos por alguma comoção na hora da morte. Temos de atravessar o rio da mente, pôr em ordem nossos problemas não-resolvidos, encarar nossa consciência e ficar por um tempo no céu ou no inferno antes de renascermos.

Nesse sentido, voltamos exatamente como partimos: antes da morte, fomos tragados pelo nosso inconsciente e voltamos a ter consciência só depois que renascemos. Apesar de sentir prazer e dor no intervalo entre a morte e o nascimento, não temos lembrança desse interlúdio. Quando renascemos, temos de aprender tudo de novo, uma vez que esquecemos todos os conhecimentos adquiridos por meio dos sentidos e da mente consciente. Entretanto, as impressões sutis de todos esses conhecimentos estão armazenadas na mente inconsciente e, por isso, é relativamente fácil recuperá-las, desde que tenhamos nascido no ambiente apropriado e com os recursos apropriados. Em algum momento, voltaremos a nos interessar por práticas espirituais, mesmo que meio indiferentes e, de novo, oscilaremos entre as coisas do mundo e as do espírito.

O resultado da prática intensa

Existem muitos relatos de transformações milagrosas envolvendo pessoas que se dedicaram a uma prática intensa numa vida anterior. Essas pessoas parecem adquirir grande sabedoria espiritual com um esforço mínimo nesta vida e nós nos perguntamos por que isso acontece, sem saber do esforço intenso que colocaram em sua prática espiritual (*sadhana*) no passado. Como aparentemente elas conseguem grande sucesso com pouco esforço, dizemos que são privilegiadas. Atribuímos o atual sucesso delas unicamente à graça de Deus. A verdade é que essas pessoas reencarnaram e não renasceram. Elas são os *videhas* e *prakriti layas*.

A reencarnação é fruto de práticas intensas. As escrituras yogues fazem uma distinção clara entre renascimento (*punar janma*) e reencarnação (*avatara*). *Punar janma* significa literalmente "nascer de novo" e tem uma conotação de fadiga. *Avatara* significa "descer".

Portanto, existem poucos afortunados que, depois de terem se dedicado a práticas intensas, alcançam a meta: a realização do ser em todos os níveis.

Por sua prática e pela graça de Deus, eles desvendam o mistério do corpo, das forças prânicas, da mente, das *samskaras* e da consciência, bem como da relação entre a consciência individual e a universal. Isso lhes possibilita saber por experiência que, apesar de ter um corpo e uma mente, são totalmente separados deles. Elevando-se acima da mente e do corpo, eles têm a experiência da unidade com o Supremo. E com esse conhecimento, as trevas da ignorância, do egoísmo, do apego, da repulsa e do medo da morte dissipam-se totalmente.

Se esses iniciados continuam a ter um corpo, não é por exigência da força do karma — no caso deles, não resta mais nenhum karma — mas por serem unos com o Divino e agirem a partir dessa unidade. Eles são chamados de *apta kamas* — iniciados cujos desejos são satisfeitos e que não têm nenhuma obrigação de realizar nenhum ato de qualquer natureza. Quaisquer que sejam os atos que eles agora escolhem praticar, eles não resultam em nenhum fruto para eles. Os atos que eles possam escolher praticar são totalmente livres e praticados unicamente em benefício de outros.

Esses iniciados são imortais — a morte não pode atingi-los, porque ela só atua sobre as pessoas que têm karmas. Eles estão livres do desejo, do apego, do medo e de qualquer sentimento de perda ou ganho e, portanto, não lhes faz nenhuma diferença ter ou não ter um corpo. Quando o corpo não serve mais a um propósito, eles o abandonam, exatamente como nós pessoas comuns tiramos a roupa. Eles escolhem o meio exato pelo qual deixam o corpo e devolvem voluntariamente seus elementos físicos para a natureza. Seguindo as instruções desses seres, o prana abandona o corpo da maneira que eles ordenarem. Os elementos materiais do corpo voltam a ser pó, os pranas são reabsorvidos pela energia vital do cosmos e a mente volta para a natureza primordial (*prakriti*).

Esses *apta kamas* não fazem mais parte do ciclo do renascimento ou reencarnação. Sempre que, pela vontade do Divino, eles são inspirados a voltar para este mundo, eles vêm por meio do nascimento divino, um processo misterioso fora do ciclo do renascimento e da reencarnação conhecido como *divya janma* (nascimento divino). Por não compreendermos como alguém pode vir a este mundo sem ser parido, nos referimos por vezes a esse fenômeno como "nascimento imaculado", apesar de não envolver o parto no sentido que costumamos dar a ele. Um termo mais preciso para designar o fenômeno é "aparição".

As escrituras yogues explicam de maneira sistemática toda a dinâmica da aparição divina. Elas explicam, por exemplo, como um santo pode deixar o corpo que vinha habitando e entrar em outro que foi abandonado por seu habitante original — uma técnica conhecida como *parakaya pravesha* (*Yoga Sutra* 3:37). Em outras passagens, elas nos explicam que o yogue pode criar um corpo a partir, unicamente, dos poderes da mente. E a própria mente é criada unicamente pela força *asmita* do yogue, ou seja, pelo "Eu sou" (*Yoga Sutra* 4:4-6). Mas antes de discutirmos as dinâmicas da morte, do nascimento, da reencarnação e do nascimento divino, temos de determinar em que medida a lei do karma governa o processo da morte, do nascimento e da reencarnação e quando ela deixa de ser aplicável. Faremos isso pela análise da natureza e função sutis do renascimento, da reencarnação e da aparição divina.

CAPÍTULO 7

O Retorno da Alma

A palavra que, em sânscrito, designa a alma de uma pessoa é *jiva*. Prisioneira do círculo infinito de nascimentos e mortes, a *jiva* tem de exercer diferentes papéis nas diferentes vidas e, portanto, de usar roupa de diferentes formas e tamanhos. Cada um de nossos corpos é um vestuário diferente para a *jiva*. Tendo concluído um papel, a alma individual tem de despir-se de seu traje e vestir um outro que sirva a seu próximo papel. E assim como as roupas são manufaturadas no mundo exterior, o corpo que reveste a alma individual é criado pela natureza.

Se este corpo é de fato uma roupa que usamos, então por que não nos lembramos de que o vestimos? A resposta pode ser encontrada em escrituras como a *Yoga Vasishtha*, o *Bhagavad Gita*, o *Yoga Sutra*, o *Katha Upanishad* e o *Garbha Upanishad*, as quais afirmam que aqueles que adormecem antes de morrer continuam dormindo quando renascem. (Nesse contexto, "dormir" significa "falta de conhecimento consciente".) Em outras palavras, aqueles que morrem inconscientemente continuam inconscientes ao renascer. De acordo com as escrituras, entretanto, o nascimento não tem nada que ver com concepção ou parto. O nascimento ocorre no momento em que nos identificamos com um determinado corpo. Isso explica por que os santos e os yogues iniciados nunca nascem, mesmo quando habitam um corpo: eles nunca se identificam com o corpo.

Conforme vimos no capítulo anterior, na maioria das vezes a morte vem acompanhada de confusão e caos. Quando o prana parte, o corpo, o cérebro e a mente consciente ficam sem vida e a *jiva* fica por conta da mente inconsciente. Esse é o veículo pelo qual ela deixa o corpo. Esse tipo de morte pode ser comparado a um cego tentando sair de uma casa desconhecida. Devido à confusão causada por nossos desejos e apegos, não sabemos nem mesmo por qual porta estamos saindo.

No intervalo após a morte, estamos no plano do nosso inconsciente, sentindo dor ou prazer até que a mais forte das impressões sutis de nossos karmas ganha força para nos empurrar para o renascimento. Essas poderosas *samskaras* (chamadas *vasanas*) impelem o inconsciente, motivando-nos a procurar um corpo. Mas estamos em sono tão profundo que não temos consciência nem desse impulso, apesar de o sentirmos no plano do inconsciente.

Esse impulso inconsciente é tão forte que não conseguimos resistir a ele. Aqui, outra vez, a natureza dá uma mão. Para garantir que encontremos um corpo que satisfaça as necessidades de nossas *vasanas*, a natureza nos conduz a pais que têm *vasanas* semelhantes às nossas. As *vasanas* de ambas as partes — nossas e de nossos pais — atraem-se mutuamente. A simples proximidade de tal corpo causa uma sensação de segurança à nossa mente inconsciente. As forças prânicas ressurgem da natureza e penetram no corpo, dando-lhe vida. E seguindo a corrente de prana, conduzindo o veículo da mente inconsciente, a alma individual (*jiva*) penetra no feto.

A formação do cérebro, a sede da mente consciente, é um estágio crucial da gestação. Segundo o *Garbha Upanishad*, quando isso ocorre a alma tem os instrumentos para pensar e sentir. Em certo sentido, ela já veio ao mundo, embora ainda esteja vivendo nos recônditos do útero da mãe. Mesmo assim, a mente inconsciente do feto já é bastante ativa, mais do que a mente inconsciente das crianças e dos adultos. Isso ocorre porque a mente consciente do feto não tem nenhuma possibilidade de ocupar-se com distrações sensoriais e, portanto, experimenta o inconsciente de forma vívida e intensa.

Durante o intervalo entre a morte e a concepção, a alma esteve encapsulada no inconsciente. Mesmo sentindo dor e prazer, ela não tinha nenhum conhecimento consciente dessa experiência. Ela nem mesmo sabia onde estava. Mas agora, com o desenvolvimento do sistema nervoso, do cérebro e da mente consciente, as lembranças são recuperadas.

A *jiva* sabe agora que está renascendo. Ela recorda suas vidas passadas e sabe perfeitamente por que vai nascer naquela espécie e naquelas condições específicas. Ela recorda o quanto é doloroso morrer e renascer. Seus sentidos e sua mente ainda tenros são bombardeados pelos ruídos no corpo da mãe e sacudidos pelas emoções dela. O instinto primitivo da fome também voltou e, para tentar satisfazê-lo, o feto começa a chupar os dedos dos próprios pés.

A *jiva* então compreende a grande perda que foi morrer sem ter realizado o propósito da vida e não quer voltar a repetir o mesmo erro. Arrependida por ter desperdiçado suas vidas anteriores, ela implora ao Ser Divino: "Ó Deus, por milhares de anos andei passando de uma espécie a outra.

Mamei em diferentes seios e comi diferentes tipos de comida só para nascer e morrer. Não consigo enxergar nenhuma saída deste oceano de dor e sofrimento. Pratiquei boas e más ações, dizendo a mim mesma que era meu dever e que era por amor. Hoje estou sozinha sofrendo por aqueles atos vis. Ó Senhor, ajudai-me a sair daqui. Prometo que, desta vez, servirei apenas a vós" (Garbha Upanishad, 4).

Ocupando-se com esses pensamentos, sentimentos e orações, a jiva completa o período de gestação. Mas quando o bebê sai do útero, ele entra em contato com uma força prânica conhecida como prana vaishnava, que apaga todas as suas lembranças. A amnésia é tão completa que o bebê nem mesmo se recorda do seu nascimento. Os pensamentos e sentimentos que tivera quando dentro do útero, suas orações — tudo desaparece, e a mente consciente do bebê é como uma lousa apagada. O bebê tem de reaprender tudo por meio do ambiente que o circunda, de seus pais, professores e, mais tarde, pelo exame de si mesmo e pela experiência pessoal.

Essa descrição da jornada da alma da morte até o renascimento é desanimadora. Sentimos muitas vezes que as forças do tempo, da natureza, do karma ou do destino são cruéis, especialmente quando ficamos sabendo como o prana vaishnava apaga nossa memória na hora do nascimento, levando embora o privilégio de usarmos o conhecimento e as lições que tínhamos aprendido nas vidas anteriores. Nos tempos antigos as pessoas também queriam saber por que o prana vaishnava apaga nossa memória, tornando discutíveis as orações que fizemos e as resoluções que tomamos durante o período de gestação. A fábula seguinte, mencionada de passagem em vários Puranas e narrada em detalhes no Skanda Purana, esclarece essas questões.

———

Certo dia, quando a manhã já ia avançada, depois de ter terminado sua prática numa das margens do rio Ganges, o sábio Vyasa estava voltando para seu ashram, quando viu uma lagarta à beira do caminho. Ela parecia estar desorientada e com muita pressa de atravessar o caminho. Ninguém a estava perseguindo e ela não parecia estar à procura de alimento, mas o bondoso sábio percebeu que ela estava com muito medo e parou por um momento para ver se podia fazer algo para ajudá-la. O sábio tinha a capacidade de comunicar-se com todas as espécies de criaturas e, portanto, perguntou à lagarta por que ela estava assustada e para onde estava indo com tanta pressa. Rastejando tão rapidamente quanto lhe era possível, a lagarta respondeu: "Não tenho tempo para perder. Se não atravessar este caminho e alcançar com segurança o outro lado, serei morta. E é melhor que você também, sua lagarta gigante, saia do meu caminho."

"De que maneira você acha que vai ser morta e por que acha que vai estar segura do outro lado do caminho?", perguntou o sábio.

E a lagarta respondeu: "Você não está ouvindo os sons ensurdecedores de tambores e clarins? Não está ouvindo os elefantes e os cavalos? Uma grande procissão está se aproximando e nós seremos esmagados se permanecermos no caminho."

Ao ouvir isso, o coração de Vyasa derreteu-se de compaixão e ele tomou a firme decisão de proteger e guiar aquela criatura, não apenas durante a vida atual, mas em todas as suas vidas futuras, até que ela alcançasse a libertação total. "Não se preocupe", ele disse. "Eu não sou uma lagarta gigante, mas Vyasa. Vou proteger você. Mas antes diga-me, o que é que torna a vida de uma lagarta tão agradável para você não querer morrer?"

Mesmo sem poder entender o que Vyasa estava querendo dizer, a mera presença do sábio proporcionou à lagarta uma sensação de segurança. Seu instinto disse-lhe que Vyasa não lhe faria nenhum mal. Então ela interrompeu sua corrida frenética para atravessar o caminho e respondeu: "Existe alguém que não tenha medo de morrer? O sofrimento que antecede e acompanha a morte continua para sempre. E morrendo perderei tudo — a maravilhosa grama verde, meus amigos e entes queridos."

Ao dizer isso, a lagarta se enroscou e começou a chorar. Para consolar a criatura, Vyasa disse-lhe: "Não se preocupe. Vou proteger você para que não seja esmagada pela majestosa procissão. Mas a morte é inevitável. Mais cedo ou mais tarde, todos morrem. A verdadeira segurança resulta do conhecimento da causa do nascimento e da morte e de sua extirpação de uma vez por todas. Com meus poderes de yogue, vou fazer com que você se lembre de suas vidas passadas até aquela em que você foi pela última vez um ser humano. Conte-me então a história de sua transmigração."

A lagarta recuperou no mesmo instante as lembranças de várias vidas e começou a contar sua história.

"Como filho de pais brâmanes, tive uma educação superior e fui um mestre respeitado", disse a lagarta. "Tinha um grande número de seguidores. As pessoas ficavam encantadas com meus discursos e eu me divertia com a credulidade delas. Eu era, desde os tempos de estudante, muito arrogante. Achava meus professores lerdos e estúpidos. Tinha orgulho de mim mesmo e do fato de, em questão de meses, poder dominar as escrituras que meus professores só tinham assimilado depois de muitos anos de estudo intenso. Meus professores sabiam que eu era arrogante, egoísta e até mesmo que os desrespeitava, mas sempre me trataram com gentileza e amabilidade. Eu interpretava o tratamento deles como resultante de fraqueza e timidez. Essa atitude tornou-se o traço principal da minha personalidade.

"Mais tarde, quando me tornei professor, estava convencido de que todos os demais eram estúpidos. Nunca praticava a filosofia que ensinava e mesmo assim era considerado um excelente professor. Isso me levou a achar que os sistemas filosóficos e espirituais não passavam de teorias intelectuais. E como o conhecimento intelectual não me transformava, eu achava que todas as outras pessoas instruídas fossem exatamente como eu. Concluí que todos, no passado e no presente, só ensinavam para ganhar o sustento, fingindo ser altamente desenvolvidos espiritualmente. Achava que todo mundo era hipócrita e, portanto, que não havia nada de errado em eu ser hipócrita também.

"Eu pregava que todos deviam ser altruístas e voltados para Deus. Inspirava-os a praticar a pureza, a simplicidade, o desapego das coisas materiais e a satisfação. Fingia que eu mesmo praticava todas essas virtudes, mas não era verdade. Na realidade, quando estava sozinho, costumava rir daqueles que acreditavam em mim e me seguiam com tanta credulidade. Eu vivia uma vida suntuosa, desfrutando de vinhos, mulheres e comidas faustosas.

"Às vezes, ouvia uma voz interior me dizendo que eu não estava no caminho certo, mas eu a fazia calar com a força da minha mente. Eu estava tão preocupado com os prazeres que não me dava conta da guerra constante que se travava no meu mundo interior.

"Para encurtar a história, acabei ficando velho e doente. E finalmente, já no meu leito de morte, comecei a me ver com mais clareza do que durante a juventude. Mas já era tarde demais. A essa altura, meu intelecto aguçado disse para eu me reconhecer como um *jnani-yogue* [aspirante a caminho do conhecimento] para que eu pudesse lançar todos os meus atos no fogo do conhecimento. Mas uma voz, vinda do meu interior, disse: 'Seu sábio autoproclamado, as escrituras não devem ser distorcidas de acordo com a sua conveniência.'

"Na hora da morte, eu estava cheio de remorsos e, por isso, a travessia a nado do rio da minha mente foi muito difícil. Ela pareceu levar séculos e quando finalmente cheguei do outro lado — o ponto da conclusão — vi claramente a soma do meu ser e os atos por mim realizados naquela vida.

Minha consciência, o guarda-livros, disse que eu tinha sido um camaleão. Assim, na vida seguinte vim como camaleão, e tinha de mudar de cor e camuflar-me para pegar minha presa ou conseguir retirar uma gota de orvalho de uma folha de capim para matar minha sede. Depois, voltei como elefante, mas, a despeito de minha força e inteligência, eu era conduzido por um cornaca que, sentado no meu pescoço, obrigava-me com a ponta de seu tridente a trabalhar. Lembro-me de ter sido também uma cobra, um burro e muitas outras criaturas.

"Nos intervalos entre um nascimento e outro, eu recordava por que tinha vivido aprisionado no corpo de tal espécie e pedia a Deus que me ajudasse. Resolvi não cometer o erro de matar a minha consciência, como havia feito na minha vida como ser humano, mas sempre depois de ter acabado de nascer eu me via totalmente ocupado com as necessidades básicas de comer, dormir, procriar e preservar-me, e me esquecia das preces que fizera e das decisões que tomara. Mesmo agora como lagarta não tenho nenhuma idéia do que fazer além de satisfazer tais necessidades. Vou perder de novo essas lembranças que recuperei por tua graça?

"A memória de mim mesmo como ser humano me obriga a fazer-lhe algumas perguntas: Quem ou o que me fez nascer camaleão, elefante e lagarta: a minha própria consciência, Deus, a natureza ou o destino? Por que eu lembrava de mim mesmo, de meus atos e de suas conseqüências enquanto estava entre uma vida e outra e por que depois voltava a esquecer? Isso acontece com todo mundo ou só comigo?"

Vyasa respondeu: "Na verdade, é a sua consciência que o conduziu através do ciclo de nascimentos e mortes, adotando vários corpos. A consciência tem origem no *Atman*, o ser universal. O *Atman* reside em você. É a verdade suprema e a consciência é sua luz. A luz da consciência não vê nenhuma diferença entre você e aqueles que você ama ou odeia, porque a consciência é um fio que atravessa a natureza, Deus e o destino. Em todas as situações, sua consciência está com você, e todas as ações — físicas, verbais ou mentais — são testemunhadas por ela. Por isso, a consciência é chamada de 'olho de Deus' e é através dela que você se pune ou dá recompensa a si mesmo. Assim como uma nuvem é menor do que o sol, mas consegue assim mesmo encobri-lo para a vista humana, as forças da mente, do intelecto, da razão e da lógica encobrem essa luz interior. Mais cedo ou mais tarde ela acabará refulgindo.

"A luz da consciência lhe disse claramente que você fora um camaleão e, assim, você tornou-se um camaleão. E tornando-se um camaleão, você cumpriu os karmas que acumulou através de seus atos hipócritas como ser humano. Mas se não tivesse esquecido que fora humano, você não teria sido feliz na pele do camaleão, do elefante, da cobra, do burro ou de qualquer outro animal cuja forma assumiu, mas teria sido muito infeliz. Os sentimentos de vergonha, remorso, culpa e autopunição teriam sido intensos quando você encontrasse e reconhecesse as pessoas que tratou mal durante aquela vida e fosse reconhecido por elas. Ao esquecer tudo, você completava o curso normal de cada vida com relativa facilidade. Se você se lembrasse de tudo, teria ficado preocupado com o seu passado. Mas, ignorando-o, você tinha de lidar apenas com as circunstâncias atuais.

"A pessoa que não está perfeitamente assentada sobre o princípio do *vairagya* [desapego] acaba sempre sendo vítima de seus pensamentos, lembranças e emoções. Por saber disso, a natureza envolve nossa mente num manto de esquecimento, deixando-nos assim livres das lembranças e, portanto, das ansiedades que as acompanham. A natureza faz isso com a ajuda do prana *vaishnava*."

"Mas ao fazer isso, o prana *vaishnava* também apagou a lição que eu havia aprendido", argumentou a lagarta.

Ao que o sábio replicou: "Você não aprendeu nenhuma lição. Foi simplesmente vítima das conseqüências de seus atos. O que você considera uma lição não passou de uma explosão emocional passageira. E mesmo assim ela veio muito tarde. Aprender uma lição requer uma mente devidamente organizada, um intelecto aguçado e um grande poder de determinação — condições que só existem na vida humana. Quando viveu nos corpos do camaleão, da cobra e da lagarta, você não tinha nenhum instrumento para corrigir seus atos ou desfazer a confusão que criou enquanto ser humano.

"O prana *vaishnava*, que apaga todas as lembranças de antes do nascimento, é um privilégio que não apaga apenas a sua memória, mas também as lembranças de todos os que foram afetados pelos seus atos. Por também não ter memória, eles não responsabilizam você pelos atos que você praticou e nem guardam nenhum rancor. Assim, o prana *vaishnava* desfaz a confusão e deixa você livre da animosidade, da vingança e do remorso, que do contrário o perseguiriam de uma vida para outra.

"Por intermédio do meu poder de yogue, você se lembrou apenas do seu passado, não do passado daqueles com quem você se relacionou quando humano. Além disso, você se lembrou de si mesmo e das conseqüências dos atos que praticou apenas até este momento, não além dele. Agora vou revelar-lhe outra parte da sua história.

"Certo dia, quando era um mestre reputado, montado sobre um elefante, você liderou um séquito. Seus seguidores juntaram-se a você, representando um espetáculo impressionante. Hoje, como lagarta, você tem medo de ser esmagada por aqueles cuja honra e dignidade você mesma esmagou. Pela graça do prana *vaishnava*, eles não se lembram de você, nem você se lembra deles. Mas a natureza deu a você a oportunidade de pagar o seu karma."

"O fato de esquecer que tivemos uma vida humana, bem como o que aconteceu nela, enquanto estamos vivendo no corpo de uma espécie menos evoluída, faz sentido", respondeu humildemente a lagarta. "Mas essas lembranças podem funcionar como sinal de advertência quando renascemos na forma humana. Então, por que o prana *vaishnava*, que é uma manifestação ativa da graça, precisa apagar as lembranças?"

Vyasa respondeu: "Os seres humanos têm um senso maior de identidade própria e de possessividade do que as outras espécies. O apego, o desejo, o ódio, o ciúme, a cobiça, a animosidade, a amizade, o amor, a crueldade, a simpatia e a insensibilidade que eles cultivam em suas vidas atuais já as tornam suficientemente complicadas. Se as lembranças das vidas passadas trouxessem à tona mais desses mesmos pensamentos, sentimentos e emoções, como os seres humanos conseguiriam viver? Por exemplo, como um homem poderia criar seu filho com amor se ele soubesse que essa mesma criança o tinha assassinado numa vida passada?

"Agora que **você** já conhece a sua própria história, que revela apenas uma fração da **dinâmica** complexa do karma e de sua influência sobre suas **mortes** e **renascimentos**, responda-me à seguinte pergunta: Você quer que eu a leve para a outra margem da estrada?"

A lagarta respondeu: "Senhor, apesar de continuar com medo da morte, estou mais interessada numa segurança permanente. Rendo-me a você. Por favor, decida."

"Vou deixar você no caminho", Vyasa respondeu. "Usando seus instintos e **capacidade** física de lagarta, procure rastejar na direção que lhe parecer mais segura e o mais rápido possível. Se é seu destino continuar viva, você chegará em segurança.

"Não tenha medo de morrer. Com minhas bênçãos, de agora em diante você não sentirá **nenhuma** dor nem na hora da morte nem do renascimento. Você guardará a lembrança das vidas passadas que recordou hoje e terá também o conhecimento de todas as vidas futuras até alcançar a libertação final. Entretanto, depois da morte, você perderá a memória por um momento e a recuperará quando o destino tiver colocado você no corpo no qual deverá viver a próxima vida.

"Sua próxima vida como ser humano será a última. Durante o seu curso, você iluminará um buscador ardoroso, Nanda Bhadra, e logo depois disso você se libertará do ciclo de nascimentos e mortes."

A história da lagarta nos dá alguma idéia de por que morremos e renascemos. Só o ser humano tem a oportunidade de transformar a si mesmo e de galgar a escada da evolução espiritual. É por isso que os Upanishads dizem: "Se conseguimos alcançar a realização pessoal antes da destruição do corpo, o propósito da vida foi cumprido. Se não conseguimos, continuamos presos na roda da transmigração e passando de um corpo para outro. Essa é a maior das perdas."

Reencarnação

Conforme discutimos anteriormente, aqueles que se dedicam a alcançar o conhecimento do propósito da vida, devotando o coração e a mente à prática espiritual (*sadhana*), são abençoados com uma forma superior de renascimento, conhecida como reencarnação. Aqueles que morrem antes de concluir sua prática espiritual (*sadhana*) reencarnam. Segundo a lei do karma, a natureza recompensa suas práticas espirituais intensas (*sadhana*) colocando-os na família certa. E mesmo que, por alguma razão, suas almas renasçam em outra espécie que não a humana, elas têm um nível de inteligência superior ao de seus semelhantes e, talvez, até mesmo conservem lembranças de suas vidas anteriores. A seguinte saga, extraída do *Srimad Bhagavatam*, dá uma idéia do processo de reencarnação e das condições que ela exige.

Era uma vez um santo chamado Bharata. Satisfeito consigo mesmo, o santo levava uma vida solitária no seu *ashram*, que ficava perto de um rio tranqüilo. Certo dia, uma corça que estava prestes a dar cria foi beber água no córrego e, subitamente, sentindo a presença de um tigre, ela fez um esforço enorme para saltar sobre o córrego — e caiu, ferindo-se fatalmente. Nos seus estertores, o filhote nasceu. Tendo observado esses acontecimentos, Bharata foi levado, por compaixão, a adotar o filhote recém-nascido.

O santo começou a gostar do filhote e o criou como se fosse um filho. E na sua companhia, o gamo perdeu seus instintos naturais e tornou-se totalmente dependente do santo. Mas, dentro de alguns meses, Bharata caiu mortalmente enfermo. Apesar de dominar a técnica de abandonar o corpo conscientemente (evitando com isso a jornada normal após a morte), ele estava tão preocupado com o que aconteceria ao gamo que, na hora da morte, sua mente estava totalmente voltada para ele. O apego ao bicho o tinha deixado tão fraco que ele não sabia mais como deixar conscientemente o corpo e, por isso, morreu como morrem as pessoas comuns e reencarnou como gamo.

Mas como ele ainda se lembrava de sua vida anterior, Bharata não era dominado pelos quatro instintos primitivos dos outros gamos — ele comia apenas o suficiente para alimentar o corpo e não tinha medo dos predadores. Não sentia nenhum pesar por ter nascido gamo, mas passava a maior parte do tempo em contemplação. E com a ajuda da introspecção e da autoanálise, ele chegou a perceber a diferença entre a compaixão e o sentimentalismo.

Quando compreendeu que sua vida de gamo estava quase no fim, ele decidiu abandonar o corpo. Lembrou-se da técnica da yoga que ele dominara quando era santo, mas não podia usá-la enquanto estivesse no corpo de um gamo. Seguindo, portanto, o caminho conhecido como *muni brata*, ele assumiu a prática austera de jejuar até morrer.

Depois, o sábio reencarnou como ser humano. Dessa vez ele foi abençoado com todos os recursos e meios necessários para realizar a meta suprema da vida: um corpo e uma mente perfeitamente apropriados para a prática espiritual intensa (*sadhana*) e um meio que era propício a isso. As circunstâncias o livraram dos compromissos mundanos em idade muito precoce e, logo depois de ter renunciado ao mundo, ele se dedicou inteiramente à sabedoria perfeita. Durante essa vida, ele transcendeu a consciência de seu corpo por meio de suas práticas espirituais (*sadhana*) e, adquirindo o perfeito domínio sobre todas as faculdades mentais, elevou-se acima dos planos regidos pelas leis do karma, do destino, da morte e do renascimento.

O exemplo narrado acima ilustra a dinâmica da reencarnação. Bharata se dedicou inteiramente à sabedoria e tinha quase alcançado a libertação de todos os seus karmas. Então, um pouco antes de morrer, ele atraiu para si um karma que obscureceu sua mente na hora da morte. Ele salvou o gamo por pura bondade, mas, ao identificar-se com esse ato, ele o contagiou, comprometendo com isso o seu valor. Além do mais, o envolvimento emocional que colocou na ajuda ao gamo levou-o a preocupar-se com o futuro do animal, e ele esqueceu que foi Deus quem o salvou por intermédio dele e que ele era um mero instrumento nas mãos do salvador original, o Ser Divino. Bharata esqueceu-se também de que o mesmo Ser Divino continuaria a ajudar o gamo quando ele morresse. Diante de um Deus onipresente, nenhuma criatura fica desamparada.

Se tivesse se ocupado com pensamentos e emoções mais mundanos na hora da morte, ele poderia ter sido levado pelos mensageiros da morte e ter sido colocado à margem do rio de sua mente pela confusão e comoção. Mas como aconteceu, sua única preocupação era com o gamo e, portanto, toda a sua consciência foi tomada pela preocupação com o gamo. Suas *samskaras* de fé, entusiasmo, capacidade de lembrar, agudeza mental e sabedoria intuitiva eram tão fortes que as forças prânicas deixaram tranqüilamente o seu corpo, e sua mente, acompanhada pela consciência ocupada com o gamo, foi absorvida pela natureza. Então, para libertá-lo daquele karma, a natureza colocou-o no corpo de um gamo. Uma vez ali, a mãe natureza, em sua compaixão, o fez recuperar a memória. Assim, mesmo vivendo no corpo de um gamo, Bharata continuou privilegiado com as santas *samskaras* de sua vida anterior.

De acordo com a tradição da yoga, esse não era um renascimento, mas uma reencarnação, e almas reencarnadas conservam em maior ou menor grau as *samskaras*, dependendo do nível de realização espiritual na vida anterior. O conhecimento anterior desses espíritos encarnados altamente evoluídos manifesta-se mais espontaneamente do que o conhecimento dos menos evoluídos. Mas todos eles têm a oportunidade de retomar sua jornada no mesmo lugar em que a deixaram na vida anterior — embora não seja possível prever a forma na qual essa oportunidade se manifestará. Existem centenas de lendas desse tipo com respeito ao Buda que, durante o seu processo de evolução espiritual, encarnou em várias espécies como *bodhisattva*.

O caso de Bharata é também um exemplo de que, mesmo um espírito altamente evoluído pode encarnar por um tempo numa forma não-humana. Nosso ego humano gostaria de não acreditar que é possível retroceder, mas, se nos deixamos aprisionar pelo comportamento animal e cultivamos *samskaras* não-humanas, como podemos renascer como seres humanos? Nem mesmo um santo pode esperar colher uvas se o que plantou foram sementes de sumagre-venenoso.

Existe também a crença popular de que todos os espíritos encarnados têm um alto nível de sabedoria espiritual ou são muito evoluídos espiritualmente. Isso nem sempre é verdade. Uma pessoa com grande força de vontade e determinação pode libertar-se da maioria de seus karmas e, em conseqüência disso, transcender o processo comum de morte e renascimento. Mas essa pessoa pode assim mesmo continuar enredada em um ou mais karmas poderosos, fazendo com que a alma encarne unicamente para superá-los. Todos nós conhecemos alguma pessoa que é simples, amável, bondosa, generosa e, em geral, temente a Deus, mas que é também obcecada por um desejo — o desejo de ter um filho, por exemplo, ou o desejo de propagar uma determinada religião ou tema sociopolítico, ou o desejo de derrotar um inimigo. Em tais casos as forças geradas pela força de vontade, determinação, boas ações, austeridade, oração, meditação, etc. são todas direcionadas para a realização desse único objetivo.

De acordo com as escrituras, a consciência dessa pessoa está concentrada nesse único desejo na hora da morte. E esse unidirecionamento inspira a natureza a colocar a pessoa no ambiente mais apropriado para realizar seu desejo. Pessoas assim encarnam numa atmosfera tão intensa que toda a energia delas move-se automaticamente na direção do objetivo desejado, conforme veremos no seguinte relato do *Mahabharata*.

Bhishma era um príncipe nobre, além de guerreiro invencível e yogue consumado. A morte, a velhice e a doença estavam em seu poder. A morte só pôde tocá-lo quando Bhishma escolheu. Por vários motivos complexos, ele tinha feito votos de viver em celibato por toda a vida.

Havia uma longa tradição de casamento entre as princesas da família real de Banaras e os príncipes da dinastia de Bhishma, e mantê-la era ponto de honra para ambas as partes. Essa prática só podia ser alterada se a princesa preferisse se casar com outro ou se não houvesse nenhum príncipe em idade de se casar na dinastia de Bhishma. Mas o rei de Banaras violou essa **tradição** quando convidou príncipes de diferentes reinos para uma cerimônia na qual suas filhas escolheriam seus próprios noivos. E, como um insulto deliberado, o rei havia excluído os príncipes da família de Bhishma da cerimônia. Bhishma ficou tão furioso quando soube do acontecido que irrompeu **na cerimônia** e atacou não apenas o rei de Banaras, mas também os outros reis e príncipes. Depois de ter derrotado a todos, ele entrou marchando no palácio e, com extrema cortesia, lembrou às três filhas do rei o acordo que existia há muito tempo entre as duas famílias. Ele propôs-se a levá-las para seu reino como esposas para seus irmãos adotivos se elas não fizessem nenhuma objeção. Todas as três princesas concordaram em ir com ele. Quando eles chegaram, duas das irmãs demonstraram satisfação diante da expectativa de serem desposadas pelos irmãos adotivos de Bhishma, mas a terceira, Amba, confessou que amava o príncipe de Salva. Ao ouvir isso, Bhishma a mandou escoltada para o reino de Salva com as devidas pompa e circunstância. Mas o príncipe, zeloso de sua honra, recusou Amba por ela ter sido rejeitada por Bhishma.

Não tendo nenhum outro lugar para onde ir, a princesa Amba voltou para Bhishma e pediu que ele a desposasse. Bhishma lembrou-a de que, quando tinha convidado as irmãs para virem com ele, dissera claramente que estava agindo não em benefício próprio, mas de seus irmãos adotivos. Ele disse a Amba que ela deveria ter-lhe avisado que já tinha entregado seu coração a outro. Mas, recusando-se a ouvir a voz da razão, Amba continuou argumentando veementemente para que Bhishma a desposasse. Bhishma disse a ela que jamais romperia com seus votos de celibato e lembrou-a de que quando ela lhe dissera que amava outro, ele imediatamente havia tomado as providências para que ela fosse até ele. Ao fazer isso, ele havia cumprido sua obrigação para com ela.

Amba não desistiu. Ela pressionou a mãe adotiva de Bhishma e a assembléia de sábios para que o obrigassem a desposá-la. E até do guru de Bhishma, o sábio Parashurama, ela se aproximou para tentar influenciá-lo — mas foi tudo em vão. Furiosa por ter sido contrariada, Amba jurou então, diante da assembléia, que seria a causa da morte de Bhishma, nem que para isso fossem necessárias muitas encarnações.

Com a intenção de vingar-se, ela dedicou-se a uma prática intensa de austeridades e orações. Estava inteiramente concentrada nesse objetivo. Seu único propósito era derrotar Bhishma. Passaram-se décadas. Ela envelheceu e morreu sem ter alcançado seu objetivo.

Mas ela logo voltou a encarnar, lembrando-se de si mesma enquanto Amba e da intensa hostilidade para com Bhishma. Assim que sua infância acabou, ela voltou a dedicar sua vida à prática intensa de austeridades e orações. A mente dela estava tão centrada na sua meta que seu próprio bem-estar não fazia sentido para ela. Ela ficava sentada meditando por longos períodos de tempo que perdia a consciência de seu corpo. Finalmente, em profundo estado de meditação, ela recebeu uma bênção no campo de sua intuição: ela soube que na vida seguinte realizaria seu propósito. Não demorou muito para aquela vida também chegar ao fim.

Na vida seguinte, ela voltou como príncipe Shikhandi, o filho do rei Drupada. Também dessa vez sua memória continuava intacta — o príncipe lembrava-se de ter sido Amba, a princesa de Banaras, e essa lembrança era tão nítida que ele criou uma forte identificação com ela. Em sua vida interior, o império de seu pai e todos os prazeres da corte não tinham nenhuma importância, mas ele usava seus privilégios de príncipe para tornar-se perito no manejo do arco e acabou tornando-se um grande guerreiro. Apesar de ainda não ser nenhum páreo para Bhishma, o príncipe lembrava-se de ter recebido o dom de matá-lo durante esta vida. Não sabia como faria isso, mas, cheio de fé, esperava que a situação propícia surgisse por si mesma.

Bhishma continuava sendo um forte guerreiro, a quem nenhum outro podia se comparar, mesmo já tendo a essa altura 180 anos. Neste ínterim, os netos de seus irmãos adotivos estavam travando uma guerra entre si e Bhishma não teve outra escolha senão entrar na batalha como comandante-chefe de um dos lados. Shikhandi aliou-se às forças que lutavam contra Bhishma.

Antes de a guerra começar, Bhishma havia estabelecido regras que ambas as partes concordaram em respeitar, e uma delas era que um homem não devia erguer uma arma contra uma mulher. Ele estabeleceu essa regra mesmo sabendo intuitivamente que o príncipe Shikhandi era Amba, a princesa de Banaras, que, com a intenção de vingar-se dele, vinha encarnando uma vida após a outra para conseguir seu objetivo. Finalmente, depois de nove dias sangrentos de batalha, Bhishma viu-se diante de Shikhandi e, seguindo as regras que ele próprio estabelecera, deixou cair as armas em vez de empunhá-las contra a princesa Amba. Shikhandi e seu aliado, Arjuna, fizeram chover flechas sobre Bhishma, ferindo-o gravemente. Ele tombou no chão para nunca mais voltar a erguer-se. Assim o príncipe Shikhandi realizou o objetivo de sua vida.

Alguns espíritos, devido a sua forte vontade, sua prática de austeridades e orações, bem como a seu poder de determinação, reencarnam para concluir o trabalho que tinham a intenção de realizar na vida anterior. Da perspectiva espiritual, as três vidas de Amba foram totalmente desperdiçadas. Em vez de usar sua força de vontade inquebrantável para um propósito mais elevado, ela esbanjou-a com o propósito de vingar-se dele. E fazendo isso, só Deus sabe que karma negativo ela atraiu para si.

Até mesmo um espírito encarnado tem de perceber o valor da vida e usar a clareza mental e o poder de determinação para continuar avançando no caminho da evolução espiritual. Como nos mostram as mitologias de muitas religiões do mundo, os demônios e os espíritos malignos têm tanto poder para reencarnar quanto os seres espiritualmente evoluídos. Mas essa capacidade nem os transforma em seres divinos nem lhes possibilita desvendar o mistério da morte e do renascimento e a verdade que se encontra além dele. O que possibilita a um espírito tornar-se imortal é a prática espiritual (*sadhana*) nutrida pela graça.

É por meio da prática espiritual que avançamos no caminho do desenvolvimento interior até alcançarmos o estado em que não existem mais *samskaras* no nosso mundo interior. Esse estado, conforme já mencionamos, é conhecido como *samadhi nirbija* (sem semente ou origem). O surgimento desse estado é precedido por um estado de desenvolvimento espiritual conhecido como *samadhi dharma megha* (*Yoga Sutra* 4:29-32). *Dharma megha* quer dizer "nuvem de virtudes" e refere-se às *samskaras* espirituais não adulteradas por outras *samskaras*. Em linguagem figurada, nesse estado nossas *samskaras* virtuosas são como nuvens que estão sempre extinguindo o fogo dos karmas e *samskaras* negativas. Então, quando todas as *samskaras* negativas são totalmente extintas, o forte vento de *vairagya* — a forma máxima de desapego — surge e varre até mesmo a nuvem de virtudes. Esse vento forte é gerado pela graça divina, que nos quer ver livres até mesmo das boas ações. E quando todos os nossos karmas e *samskaras* desaparecem, surge o estado supremo de absorção espiritual, *samadhi nirbija*. Somos confrontados por obstáculos só até alcançarmos o *samadhi dharma megha*, pois além desse ponto não existem mais karmas nem *samskaras* para criar obstáculos.

Uma vez alcançado o *samadhi* sem semente, os yogues têm liberdade total para abandonar seus corpos quando quiserem. Depois de terem alcançado esse estado de realização, eles podem atuar no mundo sem se deixarem influenciar por seus atos, uma vez que esses não são mais motivados por interesse próprio. Enquanto se mantêm em seus corpos, não importa que estilo de vida eles adotam, porque internamente eles estão sempre concentrados no eu essencial.

Os reis Janaka e Ikshvaku foram yogues desse calibre, como também o mercador Tuladhara, o açougueiro Dharmavyadha, o tecelão Kabir e o sapateiro Raidas. Esses espíritos reencarnados dedicaram suas vidas à prática espiritual e alcançaram um nível tão elevado de realização que o mundo e os chamados atos mundanos não tiveram poder para afetar a consciência interior deles. Devido à luz do conhecimento interior, o poder de desapego deles era tão grande que eles podiam desprender-se de suas mentes — e, portanto, das impressões sutis nelas armazenadas —, bem como de seus corpos.

Para eles, deixar o corpo e devolver seus elementos à natureza era tão fácil quanto é para nós tirar a roupa e mandá-la para a lavanderia. E o poder para abandonar deliberadamente o corpo dá a esses iniciados a liberdade para voltar voluntariamente a este mundo. A morte deles não é uma morte comum, mas uma despedida do corpo e, se eles retornam, esse retorno não pode ser classificado como nascimento. Como já foi dito anteriormente, as escrituras dão a essa recorporificação o nome *divya-janma*, nascimento divino ou aparição divina.

A essência da espiritualidade está no desvendar o mistério do nascimento divino, pois, como diz o Senhor Krishna no Bhagavad Gita (4:9): "Aquele que sabe exatamente que tanto os meus nascimentos quanto os meus atos são de origem divina, depois de abandonar o corpo esse espírito não cai presa do renascimento, mas vem a mim."

CAPÍTULO 8

Nascimento Divino: o Caminho dos Santos

O mistério do nascimento divino só pode ser desvendado pelos santos imortais que conheceram o ser imortal e conseguem, portanto, distingui-lo do ser mortal (constituído de corpo, respiração e das mentes consciente e inconsciente). Esse conhecimento lhes possibilitou a descoberta do método de saída consciente e deliberada do corpo físico e, por isso, só eles têm o privilégio de voltar para este mundo por intermédio do nascimento divino.

A saída do corpo

Existem muitas técnicas de saída voluntária do corpo, sendo algumas delas praticadas até hoje pelos iniciados do Himalaia. Sri Swami Rama descreve três delas no seu livro *Living with the Himalayan Masters*: *hima samadhi, jala samadhi,* e *sthala samadhi*. Pela primeira, *hima samadhi*, o corpo é abandonado na neve profunda. Consegue-se isso em postura de meditação a céu aberto, entrando-se em estado profundo de absorção espiritual (*samadhi*) e deixando o corpo congelar. Quando essa técnica é usada embaixo d'água, ela é chamada *jala samadhi*; e quando é usada embaixo da terra, *sthala samadhi*.

Esses e outros métodos yogues de saída voluntária do corpo não devem ser confundidos com o suicídio, uma vez que, diferentemente dos suicidas, os yogues estão livres das perturbações mentais e psicológicas. Eles deixam o corpo não como resposta à confusão emocional, mas quando constatam que o propósito da existência do corpo já foi alcançado. Eles nem desejam ansiosamente viver nem sentem nenhuma aversão pela vida. Para eles, o ato de devolver os elementos do corpo para a natureza é como o ato de devolver as chaves do apartamento ao proprietário quando termina o contrato de aluguel. As técnicas *samadhi hima, jala* e *sthala* não são os únicos meios de saída do corpo usados pelos yogues. Uma outra técnica, também mencionada no livro *Living with the Himalayan Masters*, envolve deixar o corpo pelo chakra do umbigo. Esse método só pode ser usado por aqueles que cultivaram o fogo do yogue (*yoga agni*) por meio de práticas intensas e prolongadas. O corpo desse yogue é transformado ou purificado pelo fogo yogue e fica, portanto, livre de doenças. Quando é hora de deixar o corpo, esses yogues acendem a chama interior no plexo solar com tanta intensidade que o corpo é imediatamente consumido pelo fogo e, ao fazerem isso, eles se fundem com o sol. Como tudo em nosso mundo é iluminado e nutrido pela luz do sol, nosso mundo fica também permeado pela consciência desses santos. Eles são pura luz, mas podem aparecer e desaparecer quando querem através de um corpo físico. Eles normalmente só voltam a este mundo por meio do nascimento divino.

Às vezes, pelo bem da humanidade, os mestres yogues aceitam provações prolongadas e dolorosas — doenças ou outros males — antes de sair do corpo. Por exemplo, o *Mahabharata* descreve como o grande yogue Bhishma deixou seu corpo de uma maneira mais do que extraordinária. Como vimos no capítulo anterior, ele deixou cair as armas e parou de lutar quando viu o príncipe Shikhandi, que, de acordo com os padrões elevados de Bhishma, continuava sendo a princesa Amba. Quando Bhishma deixou-se ficar totalmente indefeso, Shikhandi e Arjuna fizeram chover flechas sobre ele com tanta força que muitas delas atravessaram seu corpo e saíram pelo outro lado. Ele caiu e foi mantido suspenso por eles, mas escolheu não deixar o corpo por mais seis meses porque tinha prometido continuar encarnado enquanto o reino não estivesse em segurança.

Quando a guerra acabou e os cadáveres foram removidos do campo de batalha, um grupo de sábios e reis reuniu-se em volta do ainda vivo Bhishma. Do nascer ao pôr-do-sol, ele ficou deitado no seu leito de flechas saudando os sábios e transmitindo conhecimentos aos reis e a outros buscadores espirituais, sem permitir que a sede, o cansaço e a dor se aproximassem dele. No final do dia, entretanto, ele incitava o incômodo, o mal-estar, a doença, a velhice e os frutos de seus karmas conhecidos e desconhecidos (que ele tinha desconsiderado durante toda a sua vida) a reclamar seus direitos sobre seu corpo. Ele só permitia, portanto, que o sofrimento o atingisse à noite.

Quando já haviam se passado seis meses, e com a permissão dos santos e do Senhor Krishna, ele reuniu suas forças prânicas. Ajudado pela retenção do ar (*kumbhaka*), ele envolveu seu corpo num prana tão compacto, dos dedos dos pés até a cabeça, que todas as flechas se rebentaram e, em alguns segundos, seu corpo, que de tão perfurado parecia uma peneira, ficou curado. Depois de prestar sua homenagem ao Senhor Krishna e aos sábios reunidos à sua volta, Bhishma deixou o corpo.

O retorno ao mundo da morte e do nascimento

De acordo com as escrituras yogues, o modo mais sublime de sair do corpo é pelo *sahasrara*, o lótus de mil pétalas no chakra da coroa, que é alcançado pelo *brahma nadi* ou *brahma loka*. Só os mestres consumados conseguem ter acesso a esse *nadi*. Aqueles que tiveram a experiência direta desse plano fazem afirmações místicas do tipo: "Meu pai e eu somos um só", "Eu sou Brahma", "Eu sou o caminho, a verdade e a vida". Os yogues que deixam o corpo através do chakra da coroa podem voltar para este mundo na forma que escolherem. Totalmente livres, eles são unos com o Divino. O único motivo que pode fazê-los retornar é a compaixão — a vontade atuante do Divino. Ela motiva esses espíritos a encarnar e ajudar aqueles que penam no mundo da morte e do renascimento. O modo pelo qual eles voltam para este mundo é sempre muito misterioso, o que explica a existência de relatos extraordinários com respeito ao nascimento de seres grandiosos como Rama, Krishna, Buda e Cristo.

Segundo a história espiritual da Índia, o pai de Rama, o rei Dhasharatha, e suas três esposas tinham quase perdido a esperança de ter filhos. Desesperados, consultaram seu guru, o sábio Vasishtha, que recomendou-lhes que fizessem a prática espiritual conhecida como *putreshti yajna*. No final da prática, uma tigela cheia de arroz doce surgiu do fogo cerimonial e uma voz vinda do céu aconselhou Dhasharatha a distribuir o arroz entre suas esposas, que seriam abençoadas com filhos. Logo depois, Rama e seus três irmãos nasceram.

Apesar de todas as quatro crianças terem surgido de um modo extraordinário, o surgimento do primogênito, Rama, foi particularmente impressionante. A mãe de Rama não teve dores de parto, mas entrou num estado semelhante ao do transe, no qual viu um bebê iluminado com quatro braços. Dominada pela visão, ela suplicou à criança: "Afaste teu brilho, ó Senhor, porque ele é insuportável para os meus sentidos. Por favor, assuma a forma de um bebê para que eu possa te amar e servir como tua mãe." O radiante bebê de quatro braços transformou-se no mesmo instante num bebê normal e começou a chorar.

O nascimento de Krishna foi semelhante. Na época, a mãe dele, Deviki, e seu marido, Vasudeva, estavam na prisão. Deviki tinha todos os sinais de gravidez, mas não entrou em trabalho de parto. Ela simplesmente despertou de um sono profundo e encontrou o bebê Krishna deitado junto dela, e todos os sinais de gravidez tinham desaparecido. Era como se todo mundo nas proximidades tivesse sido encantado — os guardas caíram no sono e as portas do presídio se abriram como que por encanto. Como o rei que prendeu o casal havia jurado matar qualquer filho macho que Deviki viesse a ter, Vasudeva levou o bebê para uma aldeia do outro lado do rio Yamuna no meio de uma noite escura e chuvosa. Ali, ele entrou na casa de um grande amigo, colocou o bebê Krishna ao lado da esposa adormecida de seu amigo e levou a filha deles recém-nascida consigo para a prisão. No momento em que ele entrou de volta na cela da prisão, tanto ele quanto sua mulher esqueceram tudo o que havia acontecido. Mais tarde eles recuperaram a memória e, assim, Krishna foi reivindicado por dois pares de pais.

A mãe de Buda deu à luz numa floresta e logo depois, o bebê andou sete passos. Cristo nasceu de uma mãe virgem, nascimento que é considerado imaculado.

Os nascimentos de Rama, Krishna, Buda e Cristo, ainda que envoltos em mistério, têm pelo menos algum tipo de relação com pais humanos, o que os torna compreensíveis para nós. Mas muitos desses mestres voltam ao mundo por meios não-humanos. As lendas que envolvem suas vidas podem nos ajudar a entender melhor o que é o nascimento divino.

De acordo com a tradição da yoga, o sábio imortal, o próprio Narayana, anda na pele e no corpo do grande mestre Matsyendra Natha. Há aproximadamente 1.500 anos, percebendo o nível de ignorância e miséria do ser humano, ele resolveu ajudar a raça humana por intermédio do amado discípulo que já havia deixado o corpo e se tornado uno com a consciência universal.

Um dia, quando Matsyendra Natha passava por uma aldeia à procura de pais para seu filho imortal, ele parou numa casa para pedir esmola. Quando a dona da casa ofereceu-lhe farinha, o yogue explicou que não tinha onde prepará-la, de maneira que a mulher fez de boa vontade um fogo e ajudou-o a preparar uma refeição. Depois de ter comido e descansado, quando o yogue se preparava para partir, a mulher foi se despedir dele. Satisfeito com a hospitalidade dela, Matsyendra Natha perguntou se ela gostaria de receber alguma bênção especial dele. Ela respondeu, com tristeza, que era estéril e que todos, até mesmo os membros de sua própria família, a evitavam porque a consideravam de mau agouro. Tomado de compaixão, o yogue pegou um pouco de cinza do braseiro e entregou a ela, dizendo: "Coma uma pitada desta cinza e esfregue o resto no corpo. Você terá com certeza um filho. Ele será um grande yogue e trabalhará para Deus." Com essas palavras, Matsyendra Natha partiu.

Incapaz de conter sua excitação, a mulher saiu de casa correndo para contar às outras mulheres da vizinhança que fora abençoada pelo yogue. As mulheres zombaram dela e de sua esterilidade. Uma das mulheres observou: "Ó, que meio maravilhoso de curar a esterilidade. Aceite a sua má sorte e viva como um rebotalho." Uma outra, menos sarcástica, disse: "Esses yogues andarilhos dizem essas coisas só para ganhar comida. Tudo bem que você tenha lhe dado comida, mas não se deixe enganar por ele." A mulher estéril começou a achar que se seu marido e familiares soubessem que ela havia passado cinza em todo o corpo, eles pensariam que, além de nefasta, ela agora era louca. Então, para evitar outros problemas, ela decidiu, em vez de fazer o que Matsyendra Natha recomendara, juntar toda a cinza e jogá-la na fossa de lixo da casa.

Doze anos haviam se passado quando Matsyendra Natha decidiu fazer uma visita ao jovem que era seu eterno filho e discípulo. De novo, ele foi até a aldeia e parou na casa da mulher que havia abençoado. Para sua surpresa, ela disse-lhe que não tivera nenhum filho. "Mas eu te dei um filho!", ele disse duramente. "Como pode ele não estar com você? O que aconteceu com a cinza?" Ao ouvir que ela a jogara na fossa do lixo, ele exigiu que ela o levasse até lá. Ao chegar diante da fossa, Matsyendra Natha fixou o olhar nela e chamou: "*Alakh Niranjan*" (que significa literalmente "Aquele que não pode ser visto nem corrompido"). Imediatamente, emergiu da fossa um irradiante adolescente de doze anos. Ele curvou-se diante do mestre e os dois foram embora. Esse jovem mais tarde ficou conhecido como o guru Gorakha Natha.

Conforme ilustra essa lenda, os sábios do mesmo nível do guru Gorakha Natha são literalmente o verbo divino encarnado. Sob as ordens do mestre, esse yogue imortal vem há mais de um milênio guiando os aspirantes sinceros. Até hoje ouvimos ocasionalmente relatos daqueles que o encontraram e foram guiados por ele.

Esporte divino

Assim como nós nos entretemos com esportes humanos, os sábios imortais entretêm-se com esportes divinos, *lila*. O jogo deles começa com o nascimento divino e termina quando eles abandonam a carcaça mortal. Ele é inspirado pela vontade divina e, por isso, tem um propósito que costuma ser incompreensível para a nossa mente humana limitada. Mas, de um jeito ou de outro, as ações desses sábios — e mesmo a simples presença deles — dissipam as trevas da ignorância que nos prendem nesse plano mortal. O nascimento divino de Shuka Deva dá uma vaga idéia dos sábios imortais em ação no plano sutil, ocupados com jogos que podem ser vistos e entendidos apenas por aqueles que são dotados de *divya chakshu* (olhos divinos). Com o conhecimento limitado que temos, nem sempre conseguimos compreender por que um santo imortal vem para este mundo. Mas as escrituras nos informam que tanto o nascimento deles quanto as ações que praticam enquanto vivem são de origem divina. No contexto do nascimento divino de Shuka Deva, podemos supor que o propósito de seu nascimento era a criação do *Srimad Bhagavatam*, uma das escrituras mais importantes da *bhakti-yoga*. A lenda de seu nascimento divino é narrada da seguinte forma:

O sábio Narada é conhecido por seus jogos misteriosos, e, com freqüência, aparentemente maldosos. Com a intenção de fazer algo em benefício da humanidade, certa manhã ele visitou o *ashram* de Shiva no Monte Kailash. Ao chegar lá, descobriu que Shiva tinha ido a Badrinath para ver Narayana. Narada ficou satisfeito: de fato, ele esperava não encontrar Shiva em casa.

Fazendo uma cara triste, saudou a esposa de Shiva, Parvati, que perguntou-lhe qual era o problema.

"Nada, Mãe", ele respondeu. "Estou ótimo. Onde está Shiva? Não o estou vendo por aqui."

"Ele foi visitar Narayana e estará de volta à tarde. Mas, por favor, diga-me por que você está parecendo tão triste hoje? Há algo que eu possa fazer para ajudar?"

"Deixe-me com a minha tristeza, Mãe", respondeu Narada. Então, com um profundo suspiro, ele prosseguiu: "Aonde quer que eu vá, vejo o mesmo drama e ouço a mesma história. Parece que *maya* encobriu todo o universo com suas asas. Agora, acho que devo ir embora."

Isso atiçou ainda mais a curiosidade de Parvati. "Não, não, Narada. Você tem de me dizer o motivo da sua tristeza. Não vou deixá-lo partir antes de me contar."

"Não me pressione, Mãe, pois você não vai gostar de ouvir e nem eu vou gostar de contar. Se você quer realmente ajudar a aliviar o meu sofrimento, diga-me como encontrar um lugar onde eu possa esquecer este mundo."

"Mas você tem de me contar, Narada", ela insistiu.

"Existe tanta falsidade e tanto engano em todas as partes", disse Narada. "Mesmo assim, achei que pelo menos sua casa estaria livre da falsidade. Estou muito desapontado."

"Falsidade e traição na minha casa? Não acredito no que você está dizendo, Narada."

"É por isso que eu não queria lhe contar, Mãe", Narada disse com gentileza. "Você é inocente e não vai entender isso."

"O que é que eu não vou entender?"

"Shiva está lhe traindo — é isso que você não vai entender. Não estou dizendo que ele ama outra pessoa, mas posso lhe afirmar com certeza que ele não lhe ama tanto quanto diz amar. Aquilo que mais ama ele esconde de você."

"O que é que ele esconde de mim, Narada?", Parvati perguntou.

"Antes de responder à sua pergunta, Mãe, deixe que eu lhe faça outra pergunta. De quem são as caveiras que Shiva usa em sua grinalda?"

"São minhas", respondeu Parvati. "Ele me ama tanto que guarda minha caveira toda vez que eu deixo o corpo e as usa para se lembrar de mim."

"Isso quer dizer que você morreu e nasceu muitas vezes, enquanto ele continuou o mesmo. Por quê? Porque ele conhece o conto imortal, o *Srimad*

Bhagavatam, e por isso tornou-se imortal. Ele sabe que quem quer que ouça esse conto torna-se imortal, mas ele nunca o contou para você porque ele não quer que isso aconteça com você.

"Que amor é esse que deixa você morrer apenas para nascer de novo? O fato de ele usar sua caveira não faz sentido para mim. Ele bem que podia ter compartilhado com você o saber imortal e você podia ter-se tornado imortal também, vivendo os dois juntos felizes para sempre. Você pode achar que ele a ama incondicionalmente, mas eu não acho. Todas essas experiências me tornam agradecido por não ser casado.

"Deixe-me ir agora, Mãe. Se Shiva voltar e ver você triste, ele vai me responsabilizar por isso." E, dizendo isso, Narada foi embora.

Parvati fingiu que nada havia acontecido, mas bem no fundo ficou tão perturbada que esqueceu de convidar Narada para almoçar antes de ir embora.

Logo depois Shiva chegou e encontrou o *ashram* calmo como nunca. Ele foi direto para o quarto de Parvati, mas ela fingiu não vê-lo. Nem mesmo respondeu quando ele a cumprimentou. Intrigado, ele acabou perguntando: "Você não está se sentindo bem, Parvati?"

"Por que você quer saber isso?", ela retrucou. "Vá deleitar-se com sua prática de absorção espiritual (*samadhi*) ou divertir-se com seus amigos e devotos." Com essas palavras, ela saiu.

Shiva perguntou a Ganesha, Skanda, Nandi e a outros membros da família o que havia acontecido, mas ninguém pôde informar por que Parvati estava irritada. Na hora do jantar, não havia nada para comer. Quando as crianças pediram comida, Parvati disse: "Peçam para o pai de vocês." Assim, eles ficaram com fome a noite toda.

Pela manhã, Shiva, fazendo uso de todo o seu charme e sabedoria, tentou descobrir a causa da irritação de sua mulher, mas em vão. Depois de muitas tentativas fracassadas, ele acabou perguntando: "Narada esteve aqui ontem?"

"Sim, ele esteve aqui, mas o que você tem a ver com isso?", Parvati replicou.

Shiva riu. "Então foi Narada quem pôs fogo em nossa casa. Conte-me: o que foi que ele falou?"

Depois de ter sido adulada um pouco, Parvati contou-lhe o que Narada havia dito e perguntou-lhe: "Por que você nunca me contou esse conto imortal?"

Shiva respondeu: "Porque você nunca me pediu. Hoje você está me pedindo e, com certeza, vou contá-lo a você, mas com a condição de que ninguém mais esteja presente. Quem ouve esse conto torna-se imortal e, por isso, quero que o ouçam apenas as pessoas merecedoras. Aquele que o escutar sem a minha permissão será morto por mim. Vamos para um lugar onde possamos ficar sozinhos, para que ninguém além de você ouça o meu relato."

Por todo esse tempo, Narada sabia intuitivamente da relação entre Shiva e sua esposa. Quando percebeu que Shiva não ia deixar ninguém estar presente durante a narrativa do conto imortal a Parvati, Narada ficou abatido por um momento. Mas outro plano lhe veio à mente. Ele procurou o sábio Shuka Deva, informou-o a respeito desse acontecimento especial e pediu a ele que fosse lá ouvir Shiva recitar a célebre narrativa.

Shuka Deva sabia que devia haver algo de suspeito naquele pedido e, por isso, perguntou: "Por que é que você está privando seus ouvidos de tal elixir?"

"Shiva vai matar quem quer que o ouça narrar esse conto sem a sua permissão", Narada explicou. "Ele concordou em contá-lo somente para Parvati. É por isso que eu quero que você o escute em silêncio."

"Que grande amigo!", exclamou Shuka Deva. "O que você vai ganhar com a minha morte?"

"Prometo protegê-lo", disse Narada. "Por favor, esconda-se em algum lugar. Ouça o conto e use sua excelente memória para recordá-lo. Mais tarde, torne esse saber acessível a todos os buscadores espirituais da terra."

Então Shuka Deva concordou com a proposta. Ele examinou tudo ao seu redor e notou um ovo de papagaio chocando debaixo da pedra em que Shiva e Parvati pretendiam se sentar durante a narrativa. Usando seu poder de yogue, ele entrou no ovo.

Shiva começou a narrar o conto. Transbordante de alegria pela narrativa, ele fechou os olhos. De vez em quando, Parvati expressava seu prazer, murmurando: "Humm, que maravilha! Humm, maravilhoso!" Mas quando a longa narrativa estava chegando ao fim, Parvati começou a cochilar e parou de murmurar.

Nesse meio tempo, a casca do ovo se rompeu, e Shuka Deva, que estava dentro do corpo do filhote de papagaio embaixo da pedra, temeu que, como Parvati havia parado de murmurar "Humm", Shiva abrisse os olhos e, vendo-a adormecida, interrompesse a narrativa. Por isso, o papagaio Shuka Deva começou a murmurar "Humm" no lugar de Parvati — e Shiva continuou com os olhos fechados até concluir a narrativa. Então, ele abriu os olhos e perguntou a Parvati se ela tinha ouvido todas as doze partes da narrativa.

Confusa, Parvati abriu os olhos e disse: "Não, senhor. Eu ouvi apenas dez. Acho que devo ter adormecido."

"Então, quem estava murmurando 'Humm' enquanto você dormia?" E Shiva urrou: "Deve haver alguém escondido aqui."

Empunhando seu tridente, ele ergueu-se de um salto para descobrir o intruso. Apavorado, Shuka Deva fugiu o mais rápido que pode. Shiva atirou seu tridente na direção do filhote de papagaio.

Ao ver isso, Narada voou imediatamente até Narayana e gritou: "Socorro! Ajuda, Senhor! Shuka Deva está em perigo. Não há tempo para explicar. Shiva está furioso com Shuka Deva e o senhor é o único que pode impedir que ele seja morto pelo tridente de Shiva."

Ao que Narayana respondeu: "Mas Narada, o tridente de Shiva é a arma infalível do universo. Não tenho nenhum motivo para violar as leis estabelecidas pela natureza. Como posso interferir? O único modo de ajudar Shuka Deva seria um *Brahma rishi* [sábio que chegou ao nível máximo de auto-realização] colocar-se entre ele e o tridente de Shiva. O problema é que, assim como eu não posso interferir sem um motivo justificável, também não pode um *Brahma rishi*."

"Mas", prosseguiu Narayana, "se Shuka Deva fosse destinado a nascer como filho de Vyasa, então seria dever de Vyasa protegê-lo. É você, Narada, quem deve conceber como Vyasa poderia ter um filho sem ter nenhuma esposa."

No mesmo instante, um plano ocorreu à mente de Narada. Enquanto o pobre Shuka Deva continuava voando desesperadamente através do céu perseguido pelo tridente de Shiva, Narada pediu a uma yogue iniciada, Ghritachi, para aparecer diante de Vyasa em sua forma mais sedutora no momento exato em que ele abrisse os olhos para oferecer uma oblação ao fogo sagrado.

"No instante em que Vyasa olhar para Ghritachi", Narada disse então a Shuka Deva, surgirá "espontaneamente na sua mente a idéia de que ela ainda é uma mulher bonita. Nesse momento, saia do corpo do passarinho e salte para o útero de Ghritachi. E então, peça socorro a seu pai Vyasa."

O plano funcionou perfeitamente. No momento exato em que Shuka Deva entrou no ventre de Ghritachi, ele gritou: "Pai, socorro, socorro! Estou sendo perseguido pelo tridente de Shiva!"

Sabendo que é dever de um pai ajudar e proteger o filho em qualquer situação, Vyasa colocou-se entre o tridente e Ghritachi, com todo o poder e brilho de sua prática ascética (*tapas*). Narayana e Narada foram então até Shiva e perguntaram: "Como você pode matar alguém que, por seu próprio decreto, tornou-se imortal por ter ouvido você narrar o conto imortal?"

Shiva riu. "Adoro os seus truques, Narada", ele disse e guardou seu tridente.

Depois de ter passado doze anos no ventre da mãe, Shuka Deva surgiu na forma de um bebê, mas no mesmo instante transformou-se num menino de doze anos, com a mente tão absorta em Krishna que, segundo as escrituras, parecia ser um outro Krishna. Esta versão do *Srimad Bhagavatam*, que ele narrou sob a figueira-de-bengala no norte da Índia, é a dádiva de Shuka Deva para a humanidade. Essa versão também documenta as práticas avançadas de yoga às quais Shuka Deva se dedicou e que constituem fonte de inspiração para os buscadores sinceros.

Todos os santos envolvidos no processo do nascimento divino de Shuka Deva são imortais. Nós que somos mortais não temos como entender por que Narada dispôs-se a conceder aos mortais a dádiva do *Srimad Bhagavatam* na forma de um truque tão complicado, nem conseguimos entender como Shuka Deva abandona o corpo natural, entra no ovo de papagaio e sai do corpo do filhote para entrar no ventre de Ghritachi. Para os buscadores iniciados, o nascimento divino está envolto em mistério, enquanto para os ignorantes, ele é totalmente desconcertante e aparentemente impossível. Por isso, alguns de nós consideram esses relatos como sendo literalmente verdadeiros e outros os tomam como mitos.

Experiências com a morte

Depois de terem triunfado sobre as forças que governam o processo de destruição, morte e decomposição, os mestres imortais brincavam com a morte com a finalidade de desvendar o mistério que controla as forças mais sutis da natureza. Eles experimentavam destemidamente diferentes técnicas para rejuvenescer o corpo, aumentar a longevidade e até escapar da morte. Eles passavam pelo processo de morte e renascimento para poderem sentir a dor e o prazer que esse processo significa na vida das pessoas comuns. Em outras palavras, apesar de perfeitamente iluminados, eles deixavam a ignorância encobrir suas consciências por um tempo para poder sentir como os espíritos não-libertos sentem, pensam e agem e, com isso, ajudá-los mais eficazmente. Um exemplo notável disso foi o grande sábio Vasishtha, que empreendeu voluntariamente a jornada da morte e do renascimento para ter uma experiência clara e objetiva de todo esse processo.

Segundo as escrituras, Vasishtha emergiu da mente de Brahma e, portanto, tinha um pai, mas nenhuma mãe. Ou, considerando-o de outro modo, Brahma era ao mesmo tempo seu pai e sua mãe. Vasishtha tinha um espírito tão evoluído que a deusa da sabedoria, Sarasvati, tratava-o como irmão e, por ordem de Brahma, ele assumiu a tarefa de ensinar e guiar outros no caminho da espiritualidade. Para ter a certeza de que seus ensinamentos seriam úteis para os que estavam presos no ciclo de nascimentos e mortes, Vasishtha decidiu abandonar seu corpo e atravessar ele mesmo pelo menos dois ciclos, ganhando com isso experiência direta da confusão e comoção que o processo envolve.

Vasishtha e sua mulher, Arundhati, elaboraram um plano: eles se submeteriam ao ciclo de nascimento e morte, mas a deusa Sarasvati os socorreria se ficassem aprisionados. O sábio Valmiki, que era dotado de infinita sabedoria intuitiva, documentou as aventuras dos dois na escritura intitulada *Yoga Vasishta*. Seu relato é como segue:

Há muito tempo, vivia um rei poderoso e nobre chamado Padma. Sua mulher, a rainha Lila, era bonita, sábia, amorosa e inteiramente dedicada ao marido. Ela não queria, sob hipótese alguma, ficar longe dele. Mesmo sabendo que todos os que vinham a este mundo tinham de morrer um dia, no seu coração ela desejava que o marido pudesse ser uma exceção. Ou, não querendo viver sem ele, ela desejava morrer antes. Mas assim que teve esse pensamento, ela compreendeu que sua morte traria um grande sofrimento ao marido e, por isso, seu maior desejo era que o rei Padma vivesse para sempre.

Com esses pensamentos em mente, ela reuniu todas as pessoas sábias e cultas do reino para perguntar-lhes se havia algum meio de evitar a morte. Apesar da resposta negativa dos sábios, a rainha Lila estava decidida a encontrar esse meio.

Ela dedicou-se a uma prática intensa de meditação sobre a deusa Sarasvati. Como vinha no caminho da meditação e tinha fortes laços devocionais com Sarasvati, ela foi agraciada com a visão da deusa logo depois de ter iniciado a prática. Quando a deusa lhe deu permissão para pedir uma graça, Lila disse que, se seu marido morresse antes dela, ela gostaria que a *jiva* (alma) dele permanecesse perto dela. Sarasvati concedeu-lhe essa graça, acrescentando que o rei Padma também se materializaria em sua forma anterior sempre que Lila desejasse. Então, a deusa desapareceu.

O tempo passou. O casal envelheceu e um dia o rei Padma morreu. A rainha Lila, tomada pelo sofrimento, começou a chorar. Vinda do céu, a voz consoladora de Sarasvati lembrou-a de que a alma do rei continuava perto dela, mas que ela deveria preservar cuidadosamente o corpo dele até sua energia vital (prana) voltar e ele recuperar a vida. A rainha Lila foi tomada de prazer e espanto. Com a mente apaziguada, ela pediu a todos que deixassem a câmara e quando eles saíram, ela meditou sobre a deusa Sarasvati — que, mantendo a sua promessa, apareceu-lhe. Depois de saudá-la respeitosamente, Lila perguntou-lhe: "Mãe, onde está meu marido?"

A deusa respondeu: "Ele está aí neste mesmo lugar, mas num plano diferente da criação, mais sutil do que o plano em que você se encontra."

Sarasvati explicou que existe um universo dentro do universo visível a olho nu e que dentro desse universo existe ainda um outro. "Existe um número infinito de universos dentro do universo", ela prosseguiu. "Um universo que pertence a um determinado plano da criação é totalmente invisível àqueles que vivem em outro plano. Só percebe o universo no qual se nasceu aquele que tem os sentidos para percebê-lo. Mas pelo domínio do poder da mente, pode-se transcender essa limitação natural e conseguir acesso aos universos que existem em outros planos. O domínio desses poderes da mente é conhecido como obtenção de *siddhis*." Sarasvati disse ainda que Lila tinha todos os pré-requisitos para obtê-los.

Lila estava curiosa para ver o que o marido estava fazendo num plano mais sutil de existência e, por isso, Sarasvati ensinou a ela a técnica para entrar em outros planos. E como ela já era uma yogue consumada, Lila não demorou a praticá-la com perícia. Tanto a rainha quanto a deusa entraram no plano em que o rei Padma tinha passado a viver. Ele tinha dezesseis anos e já fora nomeado rei. Sua esposa era exatamente como a própria Lila fora quando tinha dezesseis anos.

Voltando-se para a deusa, Lila disse: "Ele morreu há apenas alguns minutos. Como pode já ter dezesseis anos? Além disso, como pode um universo inteiro e o reino que existe nele caber neste pequeno espaço?"

A deusa explicou que tempo e espaço são ambos relativos e que são medidos diferentemente nos diferentes planos da existência. Por exemplo, um minuto num plano pode equivaler a vários séculos em outro e, inversamente, um acontecimento que requer toda uma era num universo pode ser apenas um instante em outro. Durante um sonho que dura dez minutos, você pode experimentar coisas e acontecimentos que normalmente levam muitos anos para experimentar no estado de vigília.

"No tempo que para você parece ser alguns minutos, seu marido nasceu e completou dezesseis anos de vida", disse a deusa. "Ele governa um grande reino que cabe no espaço da câmara em que morreu. E o mais surpreendente é que, no plano em que você e seu marido formavam um casal de brâmanes antes de se tornarem o rei Padma e a rainha Lila, ainda não se passou uma semana desde que vocês dois morreram. Conforme a medição do tempo naquele plano, nessa semana você e seu marido nasceram, reinaram como rei e rainha por muitos anos e ele morreu de velhice. E neste plano em que estamos agora observando, seu marido já completou dezesseis anos de vida. Para comprovar a veracidade do que estou lhe dizendo, permita-me levá-la para o universo em que a cabana do casal de brâmanes está vazia."

E assim, com a ajuda de Sarasvati, Lila entrou naquele universo, onde viu a cabana em que o casal brâmane — Vasishtha e a esposa, Arundhati — havia morado vazia. Sarasvati explicou: "Uma semana atrás vocês moravam nesta cabana. Vocês dois eram perfeitos detentores da sabedoria da imortalidade. Então, um dia vocês dois resolveram que queriam ter a experiência direta do ciclo de morte e renascimento, para poderem ensinar aos que ficaram presos nesse ciclo aquilo que eles precisam aprender. Enquanto vocês discutiam esse plano, passou uma procissão real. Vocês comentaram sobre como deveria ser maravilhosa a sensação de ser rei e rainha e poder desfrutar das delícias da vida. Esse pensamento fugaz transformou-se num desejo tão forte que despertou as *vasanas* (impressões *sutis* do passado) que tinham se acumulado em suas vidas anteriores. Quando essas *vasanas* despertaram, vocês perderam o interesse por viver como os sábios Vasishtha e Arundhati. E com essa *vasana* intensa, vocês abandonaram os corpos que tinham para nascer como rei Padma e rainha Lila.

"Enquanto casal real, vocês gozaram os prazeres dos sentidos, reinaram sobre seus súditos, atribuíram castigos e fizeram caridade com donativos generosos. Com o passar do tempo, vocês envelheceram e o corpo de seu marido não servia mais como meio para cumprir o propósito que ele tinha em mente — gozar a vida como rei.

"Vou levá-la agora ao reino do qual seu marido é o rei Viduratha, que você viu há pouco como um jovem de dezesseis anos." No momento seguinte, a deusa e Lila estavam de volta com o rei Viduratha. Lila não podia acreditar no que seus olhos estavam vendo — tanto o rei como sua esposa tinham agora setenta anos de idade.

Lila e Sarasvati esperaram que o rei ficasse sozinho para se tornarem visíveis e lembrá-lo de sua identidade anterior como rei Padma. Essa lembrança deixou o rei muito confuso. Sem conseguir separar sua identidade da do rei Viduratha, ele procurou lembrar sua identidade como rei Padma. Ele amava muito sua mulher e seus filhos atuais, mas em sua mente inconsciente também sentia falta da mulher e dos filhos de sua vida anterior. Ficou a ponto de ter um ataque de nervos e, enquanto estava enredado nessa tremenda confusão gerada pelos vínculos com duas famílias e dois reinos, com suas devidas responsabilidades, seu reino atual foi atacado e ele mortalmente ferido. Enquanto estava morrendo, ele começou a esquecer seu passado imediato e chegou a perder a consciência de que era o rei Viduratha. No instante da partida, ele recordou sua vida anterior e, com isso, vieram à tona as lembranças de sua mulher Lila e da câmara onde tinha morrido. Esse fluxo de lembranças serviu-lhe de veículo para ele entrar naquela câmara, onde seu cadáver jazia preservado. O poder do apego ajudou-o a reconhecer o corpo e permitiu que ele entrasse nele.

Então, o rei Padma despertou como se fosse de um estado de coma. No mesmo instante, ele se lembrou de toda a sua vida como rei Padma e esqueceu da vida em que fora o rei Viduratha. Diante dele estavam sua mulher e a deusa. A presença de Sarasvati foi uma surpresa para ele e, como gesto de reverência, curvou a cabeça diante dela. Ele perguntou o que tinha acontecido enquanto estivera dormindo e Sarasvati relatou-lhe todo o episódio de sua morte e renascimento, fazendo-o lembrar-se de sua verdadeira identidade como sábio Vasishtha. Tanto Lila quanto Padma ficaram contentes por terem podido recuperar o conhecimento de sua vida passada, bem como do mistério que envolve o ciclo de morte e renascimento, mas ficaram espantados com sua amnésia.

Sarasvati explicou: "Como rei Padma e rainha Lila, vocês tinham esquecido quem eram, mas não como os sábios Vasishtha e Arundhati. Quando eram Vasishtha e Arundhati, vocês tiveram a intenção voluntária (*sankalpa*) de obter a experiência direta dos processos de nascimento e morte, bem como do prazer e da dor que os acompanha. E com essa intenção, vocês criaram deliberadamente o desejo de desfrutar por um tempo dos prazeres do mundo. Como parte da *sankalpa*, vocês me pediram que viesse lembrá-los de suas identidades como Vasishtha e Arundhati, se ficassem presos no ciclo."

Depois de o rei Padma e de a rainha Lila terem recuperado seus conhecimentos, a deusa desapareceu. O casal passou a viver como *jivan muktas* (espíritos libertos), retirando-se para a floresta e passando o trono para o filho e herdeiro legítimo deles. Solitários na floresta, eles abandonaram seus corpos e voltaram a se identificar com as consciências de Vasishtha e Arundhati. Depois disso, cada um deles criou uma mente só pelo poder da *asmita* deles (*individualidade pura*). (Na yoga, essa mente criada por si mesma é conhecida como *nirmana chitta* [Yoga Sutra 4:4-7].) E, a partir dessas mentes, cada um criou um corpo idêntico ao que tinha habitado quando eram Vasishtha e Arundhati. E assim eles se tornaram capazes de ajudar os buscadores espirituais.

Preparação para o nascimento divino

Com essa experiência direta do ciclo de nascimento e morte, Vasishtha percebeu que era a força de vontade e determinação — *sankalpa shakti* — que nos empurra ou para a libertação ou para a sujeição. Ficou claro para ele que, como seres humanos, temos capacidade para nos tornarmos aquilo que decidimos ser, mas esse sucesso tanto nos empreendimentos mundanos quanto nos espirituais, requer uma vontade inquebrantável, na qual não há espaço para a menor dúvida. A pessoa iluminada é aquela que tem uma força incontida de vontade e determinação e, por isso, as impressões sutis do passado perdem sua força. Mas a *sankalpa shakti* (força de vontade e determinação) dos espíritos não-iluminados é tão fraca e fragmentada que as impressões acumuladas no passado assumem o controle e manipulam a mente inconsciente após a morte. Sábios como Vasishtha e Arundhati usam o poder de *sankalpa* que têm para criar seus destinos de acordo com seus desejos, enquanto na maioria das pessoas, os múltiplos fluxos fracos e fragmentados de *sankalpa shakti* se chocam e se neutralizam mutuamente.

O mundo é uma criação da mente — ele provém da mente de seu criador e volta para ela. Dentro do mundo maior que todos nós habitamos, cada um de nós cria o seu próprio mundinho. Com os fios da imaginação, nós tecemos as idéias de sucesso, fracasso, perda, ganho, prazer, dor e toda uma gama de outras idéias e sentimentos. Quando morremos, nosso mundo se desfaz, mas levamos conosco impressões sutis dele e, usando-as como materiais de construção, voltamos a criar nosso mundo. E assim renascemos.

É só depois de uma longa prática de purificação e meditação, acompanhada do desapego (*vairagya*) e da graça divina, que podemos começar a nos libertar do ciclo de morte e renascimento. Quando tivermos criado fortes *samskaras* espirituais por esses meios poderemos ter uma morte relativamente consciente, o que torna possível a reencarnação. A partir de então teremos a oportunidade de avançar aceleradamente em nossa jornada espiritual.

Cada um de nós encarna com um diferente nível de consciência e liberdade e não temos como saber se renascemos ou reencarnamos. Os espíritos reencarnados em geral não sabem quem foram em suas vidas passadas, que tipo de ações praticaram naquelas vidas nem que tipo de karma os fez vir para este mundo. As circunstâncias de suas vidas são dirigidas pela força do destino, que continua sendo um mistério para eles. A natureza ou o destino arranja as circunstâncias de maneira que eles possam retomar suas práticas onde as deixaram na vida anterior, mas mesmo assim eles têm de enfrentar uma série de obstáculos, inclusive a doença e a velhice. Eles têm de ser vigilantes com respeito às práticas, que têm de ser suficientemente intensas para poderem apagar suas *samskaras* antes do fim de suas vidas. Se isso não acontecer, eles terão de reencarnar novamente.

Mesmo sem saber se renascemos ou reencarnamos, temos de nos esforçar para realizar o propósito da vida humana, pois, como diz o *Ramayana*, se perdemos essa oportunidade é difícil ter outra. Não devemos adiar a realização do nosso propósito para a próxima encarnação. O guru Gorakha Natha afirma enfaticamente: "Pobre do aspirante que diz ser sincero, mas que morre sem ter realizado o propósito da sua vida. E pobre do mestre que se intitula um *sad guru* [mestre iniciado] se seu discípulo morre antes de ter realizado o propósito de sua vida."

Por aí podemos ver que a relação entre mestre e discípulo não é para ser tomada levianamente. Os mestres inteiramente consumados podem ter muitos seguidores e devotos, mas raramente eles aceitam discípulos. Pois quando aceitam ter discípulos, comprometem-se a guiá-los até que alcancem a imortalidade.

Para que seus discípulos não passem por reencarnações desnecessárias, os mestres lhes ensinam sistematicamente métodos de autoconhecimento em todos os níveis — físico, energético, mental e espiritual. Princípios básicos para manter o corpo saudável, a mente aguçada e para viver no mundo sem ser afetado por ele são comuns a todas as práticas yogues. Logo que o aspirante consegue o perfeito domínio dessas práticas básicas, o mestre lhe ensina técnicas específicas que lhe possibilita desvendar por si mesmo os mistérios mais profundos da vida. As práticas avançadas das *hatha-yoga*, *kundalini*, *nada*, *mantra* e *tantra* são algumas delas. Segundo as escrituras, os mestres podem ensinar técnicas de rejuvenescimento e métodos para aumentar a longevidade àqueles que estejam decididos a desatar todos os seus nós interiores a ponto de dedicar suas vidas a essas práticas. Isso é feito para permitir que o discípulo se dedique a práticas intensas por longos períodos ininterruptos de tempo e, com isso, realize o propósito da atual encarnação.

Consta também das escrituras uma técnica chamada *parakaya pravesha*, usada ocasionalmente pelos yogues iniciados em suas próprias práticas por períodos ininterruptos ou para guiar seus discípulos a praticá-las ininterruptamente. *Parakaya pravesha* é uma técnica de saída do próprio corpo e entrada em outro; mas as leis espirituais que regem a entrada num corpo plenamente desenvolvido são muito claras. Os yogues só podem fazer uso de seus poderes para abandonar o velho corpo e entrar num novo pela vontade do Divino — esse processo não pode ser desencadeado em resposta a um desejo pessoal. Além disso, o yogue só pode entrar em outro corpo depois que seu ocupante original o tenha deixado. Em outras palavras, o yogue só pode entrar num cadáver e fazê-lo voltar à vida por meio de seus poderes de yogue. Em tais circunstâncias, o corpo já terá sofrido algum nível de decomposição, e alguns dos órgãos perdido suas funções. Por isso, para fazer uso dessa técnica, o yogue tem de ter tanto o conhecimento quanto a capacidade para reviver, rejuvenescer e desintoxicar o corpo para que ele se torne habitável. Os mestres consumados só transmitem esse saber para os discípulos que estejam totalmente preparados e, se esse *kriya* (literalmente, "desempenho") estiver além da capacidade do discípulo, o mestre voltará a encontrá-lo depois de ele ter reencarnado. É nesse contexto que as escrituras afirmam: "Quando o discípulo está preparado, o mestre aparece."

Existem práticas esotéricas desenvolvidas, como a meditação sobre uma das *mahavidyas* (literalmente, "grandes ciências") conhecida como *chhinnmasta*, que só pode ser concluída pela experiência da morte física. Uma vez que tenham se submetido a essa prática, os yogues avançados podem satisfazer essa exigência por meio do processo de *parakaya pravesha* — abandonam o corpo no qual a prática foi realizada e entram em outro para concluí-la.

Para alcançar o domínio que torna essa prática possível, cada um de nós tem de identificar o seu lugar no caminho e começar dali. Jamais nos libertaremos da sujeição a *maya* se acreditarmos que somos espíritos avançados encarnados e que, portanto, só precisamos de práticas avançadas. Se até mesmo os grandes espíritos caem nas armadilhas de *maya*, conforme documentam o *Ramayana* e outras escrituras, com certeza isso pode acontecer com qualquer um. Para alcançar o nível máximo de auto-realização, temos de nos dedicar a uma prática sistemática que nos possibilite purificar nossos corações e mentes, soltar os nós de nossos karmas, neutralizar os efeitos das *samskaras* negativas e fortalecer nossa força de vontade e determinação. A prática só é eficaz se acompanhada de desapego (*vairagya*) e da graça de Deus. Todos os componentes se encaixam quando estamos na companhia de pessoas espiritualmente inspiradas (*satsanga*) que prescrevem a prática indicada para cada um de nós. Portanto, passemos a explorar onde e como iniciar a jornada para a imortalidade.

CAPÍTULO 9

Práticas que Conduzem ao Céu e para Além Dele

Os sábios dividiram a vasta série de práticas espirituais em três categorias principais. A primeira delas nos ajuda a levar uma vida feliz e saudável enquanto permanecemos neste mundo. A segunda nos garante uma morte digna, a fruição de prazeres celestiais e o retorno a este mundo para completar nossa jornada espiritual. E a terceira e mais elevada categoria consiste em técnicas que nos possibilitam transcender completamente a terra e o céu, libertando-nos do ciclo de mortes e nascimentos. O *Katha Upanishad*, que conta a jornada de Nachiketa para a libertação, oferece uma bela descrição da grande série de práticas espirituais incluídas nessas três categorias.

Em essência, a lenda de Nachiketa compara a libertação com a escalada de uma montanha: o único modo de alcançar o topo é subindo os declives mais baixos e abrindo caminho para os mais altos. Os declives mais baixos não são, de maneira alguma, inferiores aos mais altos. São parte necessária da escalada, mesmo que apenas degraus. O apego aos resultados, próprio dos estágios mais baixos, consome nosso entusiasmo e motivação para subir até os mais altos, e é isso que nos impede de alcançar o topo. A história de Nachiketa é a nossa própria história. A narrativa é a seguinte:

Nachiketa era um jovem buscador sincero, cheio de entusiasmo, coragem e honestidade. Ele colocava em prática o que acreditava com perfeita retidão. O pai dele, conhecido em todo o país por seus conhecimentos, riquezas e generosidade, já tinha alcançado o topo do sucesso material — havia adquirido grande riqueza e uma reputação ainda maior. Agora, seu interesse era assegurar um lugar importante no céu. Seguindo os preceitos religiosos, ele iniciou uma prática que consistia em meditação, recitação das escrituras e do acendimento do fogo em oferenda. No seu estágio final, a prática exigia que ele doasse todos os seus bens a pessoas sábias e necessitadas.

Nachiketa estava fascinado com a essência dessa prática, que exigia que seu pai doasse tudo o que tinha — todas as suas riquezas e seus bens mais preciosos, incluindo seu ego. Mas como filho leal, o jovem buscador notou que seu pai mostrava fortes sinais de apego às suas riquezas. Naquele tempo, ter vacas era como ter dinheiro vivo — e seu pai estava doando as vacas velhas e doentes, que eram praticamente inúteis, e ficando com as saudáveis e produtivas. Ele também notou que seu pai andava irritado. Nachiketa desejava o melhor para seu pai e queria que ele concluísse a prática em toda a sua pureza e integridade. Para esse jovem inspirado, as coisas materiais tinham pouco valor, e comprometer os grandes méritos da prática em favor daquilo que é trivial e efêmero não fazia nenhum sentido. Ele queria que seu pai se comprometesse realmente com a prática e não apenas a representasse e, por isso, procurou humildemente encorajar o pai a vencer seu apego e doar vacas saudáveis e produtivas em vez de simplesmente livrar-se das velhas e inúteis.

Nachiketa também supunha que seu pai o daria a um mestre iluminado que o guiasse em sua prática espiritual (*sadhana*). Naquela época, os filhos eram considerados propriedade dos pais e Nachiketa sabia que a prática que seu pai havia assumido exigia que ele doasse seus bens mais preciosos, além de suas vacas saudáveis. Ele foi, portanto, até o pai e perguntou-lhe a quem ele seria dado. O pai não lhe deu nenhuma resposta, mas mostrou sinais de irritação. E como Nachiketa insistisse, repetindo muitas vezes a pergunta, o pai explodiu irado: "Vou dar você para a morte!"

Nachiketa tomou essa resposta como algo positivo. Em vez de ficar irritado, começou a meditar: "Pense naqueles que nasceram e morreram antes de mim. Pense naqueles que nascerão e morrerão depois de mim. Para aqueles que são ignorantes, a vida é como uma semente plantada e colhida muitas vezes." De seu coração puro e terno saiu uma voz poderosa: "Os pais sempre querem o melhor para seus filhos. Hoje meu pai me deu para a morte. Deve haver algo promissor para mim neste encontro."

A atitude positiva e tranquila de Nachiketa ajudou-o a entender que encontrar a morte não significava necessariamente cometer suicídio, mas, antes, que ele tinha de procurar e encontrar alguém que entendesse perfeitamente o mistério da morte, para que pudesse vencê-la e tornar-se imortal. Para as pessoas que têm medo da morte e, conseqüentemente, pouca coragem não é possível encontrar esses mestres, por mais que os procurem. Mas Nachiketa considerou a explosão emocional de seu pai uma bênção e partiu à procura de tal mestre.

Ele, em conseqüência disso, acabou chegando à porta de Yamaraja, o rei da morte, um mortal que havia se tornado imortal por meio de sua prática espiritual (*sadhana*). Yamaraja não estava em casa, mas Nachiketa estava decidido a receber ensinamentos desse mestre e, portanto, esperou pacientemente por três dias e três noites sem comer nem beber. Quando Yamaraja voltou e encontrou o jovem à sua espera diante da porta de sua casa, ele disse: "Olá, brâmane sábio, eu o reverencio. Que Deus o abençoe. Como esperou por mim três dias e três noites sem comer nem beber, concedo-lhe o direito de pedir a realização de três desejos."

Nachiketa respondeu: "Que meu pai recupere a paz de espírito. Que ele fique contente e se livre da raiva. Que quando eu voltar daqui, ele me reconheça como seu filho."

Yamaraja concedeu a Nachiketa a seguinte bênção: "Aruni, seu pai, vai voltar a ser como era antes. Livre da raiva e da aflição mental, ele dormirá bem à noite."

Então, o mestre perguntou a Nachiketa qual era seu segundo desejo e Nachiketa respondeu: "Ouvi dizer que no céu não existe nem medo nem velhice. Que as pessoas não têm fome nem sede. Mas que apenas aqueles que transcenderam as preocupações gozam a vida no céu. Sei que você conhece a ciência do fogo que desvenda o mistério do céu. Peço-lhe que a ensine a mim, pois tenho muita fé."

Yamaraja ficou feliz por poder partilhar seus conhecimentos. Ele explicou que o fogo que desvenda o mistério do céu reside na caverna interior do ser humano, que é, em certo sentido, a origem do universo. Também explicou como é feita a caverna que guarda esse fogo. Para ter certeza de que Nachiketa tinha assimilado corretamente os ensinamentos, o mestre pediu-lhe para repeti-los, o que ele fez sem errar. Satisfeito por Nachiketa ter entendido perfeitamente os ensinamentos que lhe dera, o mestre concedeu-lhe mais uma bênção: dali em diante, esse fogo passaria a ser conhecido como *Nachiketa agni* (fogo de Nachiketa).

O mestre ficou tão satisfeito com o discípulo que derramou sobre ele outra bênção: "Que você receba este colar feito de contas variadas", ele disse. Com essa bênção, o mestre estava indiretamente preparando Nachiketa para o *ichchha siddhi*, que realiza todos os desejos. Como diz o

Katha Upanishad, pela aquisição do conhecimento do fogo de Nachiketa, o aspirante transcende as preocupações e aflições mentais, corta os fios que o ligam à morte e desfruta dos prazeres celestiais.

Tendo Nachiketa recebido e assimilado a segunda bênção, o mestre concedeu-lhe o direito de pedir a terceira. O sábio discípulo fez o seguinte pedido: "Com respeito à pessoa que deixa este mundo há muitas hipóteses. Uma é que a alma continua a existir depois da morte; outra é que ela deixa de existir. Enquanto eu estiver estudando e praticando sob a sua orientação, que eu possa adquirir esse conhecimento."

Esse pequeno pedido engloba muitas questões inter-relacionadas: Quem somos? De onde viemos? É possível interromper de uma vez por todas o ciclo de mortes e nascimentos? Interrompido esse ciclo, continuamos existindo em alguma forma? É possível alcançar a imortalidade? Antes e depois de nos libertarmos da transmigração, qual é a nossa relação com a verdade absoluta? Quais são as técnicas práticas para se alcançar o conhecimento da imortalidade e, com isso, tornar-se imortal?

Em resposta à pergunta condensada e concentrada de Nachiketa, o mestre disse: "Mesmo as pessoas que vivem no céu não estão certas com respeito a essa questão. Ela é extremamente complexa e, portanto, quase impossível de ser traduzida em palavras ou mesmo em pensamentos. Peça qualquer outra coisa que não seja isso. Peça vida longa, muitos filhos e netos, saúde perfeita, que eu lhe concederei. Peça para ter tudo o que puder imaginar e peça para viver pelo tempo que quiser. Ou peça qualquer coisa que você considere equivalente ao que pediu, mas, por favor, Nachiketa, não insista nesse pedido. Você terá todas aquelas lindas carruagens, cavalos, honra, fama, riqueza e tudo o mais que sua mente desejar. Ou poderei transformar você num vaso realizador de desejos para que tudo o que desejar se manifeste na sua vida."

Nachiketa não se deixou levar por essas tentações, e sua determinação acabou por amolecer o coração de Yamaraja. Nachiketa vencera a última prova e, satisfeito, o mestre lhe transmitiu o conhecimento da imortalidade e ensinou sistematicamente a seu discípulo o método de identificar as energias prânicas e os canais pelos quais elas fluem. Ele explicou como esses canais de energia se enredam, formando nós que o buscador da imortalidade tem de desatar para deixar que as energias fluam livremente. Ele explicou ainda que são os nossos desejos e apegos que nos prendem ao corpo e que a libertação deles nos livra também da sujeição a essa carcaça mortal.

Os sábios usaram a lenda de Nachiketa como modelo para a jornada espiritual que todos nós empreendemos. A primeira bênção nos diz que, antes de colocarmos os pés na estrada, temos de fazer as pazes com nós mesmos e com os outros. A pessoa que tem problemas nos seus relacionamentos interpessoais não tem tempo nem energia para propósitos mais elevados. As pequenas preocupações do dia-a-dia consomem a energia que poderia ser usada para o entendimento dos mistérios mais sutis da vida. A primeira bênção diz também que o simples conhecimento não basta para melhorar a qualidade de nossos relacionamentos interpessoais. Mesmo tendo boas intenções e conhecimentos de filosofia e psicologia, muitos de nós nos tornamos vítimas de nossos apegos, desejos, raivas, ambições, medos e do próprio ego. Podemos saber muito bem diagnosticar os problemas dos outros, mas não conseguimos reconhecer os problemas em nós mesmos e é por isso que reagimos asperamente e tratamos mal as pessoas queridas. Isso cria um ambiente de tensão e infelicidade. Por falta de introspecção e pelo aprisionamento a padrões negativos de pensamento, culpamos os outros e eles nos culpam. A vida transforma-se numa lista de queixas.

Como todos nós sabemos por experiência própria, esses problemas se manifestam tanto no corpo quanto na mente, perturbando as funções normais das energias prânicas que integram o corpo e a mente. Há uma relação direta entre os problemas desse tipo e o bloqueio de energia nos dois chakras inferiores; quer dizer, a tensão nos nossos relacionamentos interpessoais causa distúrbio nas energias dos dois primeiros chakras, o que, por sua vez, faz com que os órgãos da região pélvica e abdominal enfraqueçam e adoeçam. Grande parte de nossa consciência ocupa-se com questões relacionadas com os dois primeiros chakras, restando-nos pouco tempo e energia para explorarmos as riquezas existentes nos chakras superiores.

De acordo com as escrituras yogues e tântricas, os dois primeiros chakras são encobertos por trevas e apenas fracamente iluminados pelo sol e pela lua. E mesmo essa fraca iluminação só pode ser percebida se tivermos olhos para enxergar. Durante o sono ou na hora da morte, a mente que não transcendeu os dois primeiros chakras e as questões a eles relacionadas cai numa escuridão densa. Ela tropeça cegamente no território obscuro de seu inconsciente, caindo constantemente nos vórtices criados pelas impressões sutis de seus próprios karmas. É isso que se chama inferno. A superação desses problemas pela assimilação da sabedoria contida na primeira bênção de Nachiketa é o propósito do estágio inicial da prática.

Os primeiros passos

Entramos no primeiro estágio da jornada espiritual quando começamos a cultivar uma atitude mental positiva e tranqüila. O primeiro pré-requisito para uma percepção espiritual mais elevada é ter uma mente descomplicada, que conhece o valor de uma vida simples e relaxada e que desenvolveu o hábito de perdoar e esquecer. Se somos prisioneiros de nossos pensamentos, se nos ocupamos com nutrir rancores e complexos, é impossível vivermos em paz. Sob a influência de uma mente caótica, perdemos nosso poder de decisão e desperdiçamos nosso tempo com pensamentos e atos fortuitos. Não temos absolutamente como saber qual é a nossa função — e, se não assumimos nossas obrigações kármicas, desempenhando nossas funções com abnegação, amor e habilidade, ficaremos presos no círculo de nascimentos e mortes.

Yamaraja transmitiu os conhecimentos e práticas necessários ao primeiro estágio da jornada em muito pouco tempo, porque era um mestre perfeito e Nachiketa um discípulo completamente preparado. Nachiketa já estava livre do caos emocional, compreendia tão profundamente a vida a ponto de não considerar seu pai injusto ou malvado, e sua mente era tão clara que a questão de perdoar e esquecer nunca chegou a ser apresentada. Tinha tanta compaixão no fundo de seu coração que queria ver seu pai livre da raiva e da ambição.

As técnicas para o cultivo de uma mente clara e tranqüila foram elaboradas de diferentes perspectivas nas várias escrituras. Elas são sobretudo técnicas contemplativas — instrumentos para a introspecção, a auto-análise e a auto-observação. Elas dizem o que devemos e o que não devemos fazer — certas restrições e observâncias. No caminho da simplicidade e da pureza, esses princípios são tão indispensáveis quanto comer e respirar. Na tradição da yoga, eles são conhecidos como *yamas* e *niyamas*.

As *yamas*, ou restrições, consistem em cinco princípios: não praticar a violência, não mentir, não roubar, não praticar a volúpia e a possessividade. Colocá-los em prática ajuda-nos a ser membros saudáveis e civilizados de nossas famílias e comunidades. Eles reduzem as distrações e, portanto, os problemas que criamos para nós mesmos e para os outros, por nos permitirem eliminar a violência, a falsidade, a animosidade e a ganância de nossas vidas. Conseqüentemente, deixamos de ser ameaça para os outros e os outros de ser ameaça para nós. O terreno para o medo deixa de existir e a paz começa a prosperar.

As *niyamas*, ou observâncias, também consistem em cinco princípios: pureza, satisfação, autodisciplina, auto-exame e entrega a Deus. Esses cinco princípios abrem novos canais para a nutrição do corpo, da mente e do espírito. Pela purificação de nossos pensamentos, palavras e ações, nos preparamos para receber o Divino que reside em nosso interior. A satisfação nos liberta da ansiedade, que drena grande parte de nossas energias. A autodisciplina nos liberta da preguiça, dando-nos a oportunidade para desenvolver nossos potenciais adormecidos. O auto-exame permite que identifiquemos nossos pontos fortes e fracos. No auto-exame está também incluído o estudo das escrituras e a recitação de mantras, observâncias que aprofundam nosso entendimento da espiritualidade e aguçam a nossa percepção. Por sua vez, isso nos motiva a procurar um propósito maior na vida. O auto-exame nos liberta do apego aos nossos conceitos anteriores imaturos de espiritualidade, possibilitando-nos abarcar uma realidade cada vez mais abrangente e verdadeira. A entrega a Deus, a última das observâncias, nos impede de ser egoístas e nos ajuda a reconhecer e aprofundar nossa relação com o Divino. É pela entrega que a graça divina entra em nossas vidas.

Essas dez restrições e observâncias ajudam-nos a ser simples, amáveis, humildes, disciplinados e bondosos — características que são pré-requisitos para a autotransformação. E adotando-as nós estamos criando uma base sólida para qualquer prática que assumimos. Na realidade, esses princípios já constituem por si mesmos um método completo — pela simples prática deles em sua pureza e perfeição, nós podemos nos libertar da sujeição ao karma. Mas a prática perfeita de um único deles requer uma mente clara e aguçada, uma vontade inquebrantável, um destemor e um desejo ardente de libertação. E como normalmente não possuímos essas qualidades e, portanto, não conseguimos praticar esses princípios com precisão e perfeição, as escrituras nos recomendam incorporar as *yamas* e *niyamas* a nossa filosofia de vida e praticá-las da melhor maneira possível.

Praticar as restrições e observâncias dessa forma amena não nos garante, entretanto, que vamos conseguir nos livrar dos traços sutis de nossos karmas. Como já explicamos, as impressões sutis armazenadas na nossa mente inconsciente são a causa direta dos traços da nossa personalidade. Traços fortes como os de inveja, ambição, raiva e desejo têm origem no inconsciente e são alimentados por ele. Uma prática passiva não tem força suficiente para neutralizá-los. É por isso que, para um nível mais profundo de limpeza mental e comportamental, a *Yoga Sutra* e outras escrituras prescrevem as quatro práticas seguintes:

Cultivar uma atitude amistosa com as pessoas felizes.
Cultivar a compaixão com as pessoas que estão sofrendo.
Cultivar uma atitude de estímulo com as pessoas que parecem ser virtuosas.
Cultivar uma atitude de indiferença com as pessoas que não parecem ser virtuosas.

O ego é a origem de todos os problemas. Ele não quer abandonar suas tendências negativas, por mais dolorosas, degradantes ou desprezíveis que sejam, uma vez que todas as tendências e impressões sutis (*samskaras*) o alimentam e ele sente prazer na presença delas. As tendências negativas, como a raiva, o ódio, o ciúme, a ganância, a possessividade, o apego e o desejo, são parte das riquezas do ego, que se orgulha por poder exibir essas riquezas, mesmo à custa do sofrimento que esse processo traz. Não sabendo como lidar com a infelicidade causada por ele próprio, o ego procura falhas nos outros. Isso vale para todos os egos.

A mais impressionante exibição do ego é a inveja. Não queremos apenas ser felizes e virtuosos, mas também que os outros saibam que somos felizes e virtuosos. Além disso, não queremos que ninguém seja mais feliz e mais virtuoso do que nós. Se percebemos que alguém é mais feliz e mais virtuoso do que nós, o ego expressa-se na forma de ressentimento. Se, ao contrário, alguém parece ser mais infeliz ou menos virtuoso do que nós, o ego expressa-se pelo sentimento de superioridade.

Essas tendências são um terreno fértil para a angústia mental e, em conseqüência dela, perdemos nossa paz de espírito. Uma pessoa com a mente perturbada e confusa não consegue concentrar-se na principal meta da vida. Mas esquecer a raiva, o ciúme, o desprezo e o ressentimento por meio da prática das quatro atitudes prescritas nas escrituras ajuda a apaziguar a mente. E, à luz de uma mente apaziguada e tranqüila, vemos as coisas claramente. É por isso que a técnica quádrupla é conhecida no contexto da yoga como *chitta prasadanam* — "purificadora da mente".

Yamaraja abençoou Nachiketa prometendo-lhe que seu pai recuperaria a paz de espírito, perderia sua raiva e se animaria. O mestre também prometeu-lhe que seu pai voltaria a ser como era, que dormiria bem à noite e que quando Nachiketa voltasse para casa ele o reconheceria como seu filho. Essa bênção supõe que todo aspirante pode alcançar a sabedoria que lhe possibilitará cultivar relacionamentos interpessoais saudáveis e viver uma vida plena.

Em termos práticos, essa bênção é alcançada pelo cultivo do hábito de esquecer as preocupações e perdoar as ofensas, sejam elas reais ou imaginárias. Perdoar e esquecer é o único meio de dormir bem à noite. Temos de aprender a nos comunicar uns com os outros de uma maneira amável, útil e saudável. Temos de aceitar os outros como eles são e nos abster de querermos impor-lhes uma imagem criada pela nossa própria mente. A prática do método quádruplo de purificação da mente, bem como das dez restrições e observâncias, nos permite fazer isso. Com isso, recebemos a primeira bênção de Nachiketa.

Além disso, o primeiro estágio da espiritualidade consiste em práticas específicas e metódicas que nos possibilitam o conhecimento de nós mesmos nos níveis físico, respiratório e mental. Nos estágios iniciais da nossa busca, quando nossas convicções ainda não são suficientemente fortes e nem temos familiaridade com os conteúdos de nossa mente, é aconselhável assumirmos um método equilibrado que reúna elementos da *karma-yoga* (a yoga da ação abnegada), da *jnana-yoga* (a yoga do conhecimento), da *bhakti-yoga* (a yoga do amor e da devoção) e da *hatha-yoga*. Esse método equilibrado é conhecido como *raja-yoga*, da qual são partes integrantes as dez restrições e observâncias, bem como o método quádruplo de purificação da mente. A *raja-yoga* também inclui exercícios físicos (*asana*), técnicas respiratórias (*pranayama*), retirada ou afastamento dos sentidos (*pratyahara*), concentração (*dharana*), meditação (*dhyana*) e absorção espiritual (*samadhi*).

Independentemente das diferenças de capacidade física, maturidade emocional e agudeza intelectual, cada um pode começar essas práticas de acordo com o seu próprio nível. A *raja-yoga* ramifica-se em métodos mais específicos, cada um deles conduzindo a uma meta específica. E, à medida que avançamos, adquirimos uma percepção mais profunda do nosso corpo e da nossa mente, e, com isso, chegamos automaticamente a saber em qual ramo específico da *raja-yoga* devemos nos concentrar. Por exemplo, as pessoas interessadas em conhecer melhor o próprio corpo são atraídas para a *hatha-yoga*, em cujas práticas avançadas (*bandhas*, *mudras*, pranayama, visualização e inclusive práticas alquímicas) elas se concentram. Para os interessados em desvendar o mistério da mente e expandir o poder dela, as práticas de concentração e meditação da *raja-yoga* são mais atraentes. Os interessados em conhecer tudo — corpo, respiração, mente e espírito e sua relação com o Absoluto — usam a *hatha-yoga* e a meditação como ponto de partida para a prática da *kundalini-yoga*.

Alguns de nós se satisfazem com seguir um desses métodos, pensando que ao fazer isso estão realizando o propósito da vida. Afinal, a vida deixou de ser complicada — ninguém nos incomoda e nem é incomodado por nós e estamos felizes como nunca fomos. Entramos numa rotina e essa mesma rotina torna-se nossa prática espiritual.

Mas para outros isso não basta. Surpreendam-se meditando sobre a natureza imprevisível da vida e questionando sobre o que acontece quando morrem. Para onde vamos após a morte? Compreendemos que por mais saudável e equilibrada que seja a vida que levamos, e por mais virtuosa que ela seja, um dia ela será obliterada pela morte. Esses pensamentos e questionamentos fazem com que nos preocupemos tanto com termos uma morte digna quanto com levarmos uma vida intensa. Queremos conhecer o mistério da vida após a morte. Será que a alma vai realmente para o céu ou para o inferno? Se isso acontece, ela continuará sua jornada posteriormente? Existem práticas que podem nos ajudar a encontrar respostas para essas perguntas? Para as pessoas que fazem esses questionamentos, os mestres criaram um conjunto de práticas totalmente diferente, que responde ao estágio intermediário da prática espiritual (*sadhana*).

O estágio intermediário

Nesse estágio, nossos propósitos e objetivos são bem definidos: queremos desvendar o mistério da vida e da morte. As práticas associadas ao primeiro estágio da jornada são práticas avançadas conhecidas como *vidyas* (ciências espirituais) que podem, de acordo com as escrituras, ser realizadas apenas por pessoas com mente clara e que sabem exatamente o que estão buscando. Além disso, esse nível de conhecimento é reservado para as pessoas que não podem ser influenciadas por qualquer fonte fora delas mesmas. O aspirante tem de ter uma sólida compreensão intelectual das *vidyas*, bem como acreditar firmemente nos conhecimentos e capacidades do mestre. As pessoas que sentem necessidade de fazer experiências com essas ciências para testar sua validade não são aptas para essas práticas. Por exemplo, é só depois de ter entendido a dinâmica da energia e da matéria contidas na fórmula $E = mc^2$ que um estudante de física pode pensar em desafiar Einstein. O mesmo princípio vale para essas ciências espirituais e para os sábios que as descobriram.

Isso é demonstrado pela afirmação decisiva de Nachiketa ao pedir a seu mestre a segunda bênção: "Ouvi dizer que no céu não existe nem medo nem velhice. Que as pessoas não têm nem fome nem sede. Mas que só os que transcenderam as preocupações gozam a vida no céu. Sei que você conhece a ciência do fogo que desvenda o mistério do céu. Peço-lhe que a ensine a mim, já que tenho muita fé."

Nachiketa não está perguntando se o céu existe ou não — ele sabe e está afirmando uma verdade. "Só os que transcenderam as preocupações gozam a vida no céu", ele afirma, e isso nos diz que ele sabe que alcançar a libertação das preocupações nesta vida é um pré-requisito para gozar a vida no céu após a morte. Nachiketa não está perguntando se o mestre conhece ou não a ciência do fogo. Ele está afirmando claramente que é a ciência do fogo que desvenda o mistério do céu e que seu mestre domina essa ciência. Ele está demonstrando que não tem nenhuma dúvida com respeito à precisão e profundidade dos conhecimentos de seu mestre. Além disso, sua autoconfiança é tal que ele pode dizer: "Peço-lhe que a ensine a mim, já que tenho muita fé." Isso reflete a combinação perfeita de humildade e autoconfiança, que é um pré-requisito para ele receber o conhecimento.

A ciência do fogo que revela o mistério do céu é conhecida na tradição da yoga como *agni vidya*. Esse é o terreno no qual a ciência e a espiritualidade, a yoga e o misticismo, se encontram. A ciência é complexa e é ensinada em dois níveis — *bahir-yaga* (meditação sobre o fogo exterior) e *antar-yaga* (meditação sobre o fogo interior) —, mas as práticas concernentes a ambas estão baseadas numa filosofia e numa metafísica comuns.

De acordo com a *agni vidya*, o fogo tanto é origem quanto elemento intrínseco ao universo. Em outras palavras, o universo é fogo sob outra forma. O fogo tanto é a força transformadora quanto o objeto que está sendo transformado. Matéria e energia são ambas aspectos do fogo. O fogo existe sob duas formas: aceso e não-aceso. As escrituras referem-se a essas formas do fogo como energias desperta e adormecida. O fogo aceso tem capacidade para acender o fogo que está adormecido. A *agni vidya* sustenta ainda que é apenas por ignorância que só vemos o fogo no seu aspecto físico: o fogo é uma entidade inteligente e é essa inteligência que nos torna inteligentes. Quando o fogo se apaga, sua inteligência também se apaga e nós ficamos inertes, sem vida.

Nossas mentes ficaram tão materialistas que perdemos a noção exata da realidade do fogo. Em nosso cotidiano, consideramos o fogo simplesmente como um recurso ou uma comodidade. Jamais nos ocorre a idéia de que o fogo é uma força inteligente com consciência própria. Nossa estupidez criou uma barreira que impede a nossa comunicação — e comunhão —

com o espírito do fogo. Mas as escrituras afirmam que é possível vencer essa barreira e receber orientação direta do fogo. O meio de comunicação com o fogo é a linguagem dos mantras — a *agni vidya* (a ciência do fogo) e a *mantra vidya* (a ciência dos mantras) se complementam. Pelo poder dos mantras nós despertamos o fogo exterior e, uma vez desperto, esse fogo desperta o fogo adormecido dentro de nós.

Os sábios criaram um método complexo e sistemático de despertar tanto o fogo exterior quanto o interior. Assim como Yamaraja explicou para Nachiketa como o fogo é o princípio primordial e a origem do universo, os iniciados que alcançaram o domínio dessa ciência (que, nestes tempos modernos, são muito raros e encontrados mais raramente ainda) dão lições práticas sobre como invocar o fogo enquanto força inteligente que habita nossa matéria não-inteligente. Eles explicam como acendê-lo e colocá-lo na *kunda*, a pira cerimonial e, também, como construir essa pira. Antes de fundirem dois átomos, os cientistas preparam o laboratório, juntam os recipientes apropriados e criam condições para apreender a energia liberada pela fusão. O mesmo fazem os mestres da *agni vidya*: preparam o tipo apropriado de pira cerimonial. A escolha do lugar para ela, do seu tamanho e forma, bem como do número de tijolos usados na sua construção, tudo é feito de acordo com regras científicas e leis codificadas nas escrituras.

A presença da energia prânica é que dá vida aos nossos corpos. Da mesma maneira, o poder do mantra dá vida à pira, transformando-a numa entidade viva. Existem em nosso corpo *marmasthanas* (centros de energia vital) e chakras (centros de consciência), os quais podemos identificar. Os mestres da *agni vidya* ensinam ao aspirante a localizar na pira os centros *marma* e os chakras.

A ciência do fogo que Yamaraja ensinou a Nachiketa explica como, pela meditação sobre o fogo exterior com rituais e recitação de mantras, podemos identificar os centros de energia vital na pira, penetrá-los pela realização de um ritual triplo, e usar a energia gerada por esse ritual para atravessarmos o rio do nascimento e da morte. Mas essa técnica pode dar a impressão de que a *agni vidya* é um simples ritual religioso — impressão que só tem fundamento para quem não tem familiaridade com a metafísica védica, da qual a *agni vidya* e a *mantra vidya* são temas centrais. Por isso, os sábios yogues, percebendo que esse aspecto da *agni vidya* poderia criar conflitos religiosos na mente de muitas pessoas, sempre aconselharam os aspirantes a aprender a invocar o fogo interior, uma prática que não envolve nenhum ritual.

A meditação sobre o fogo interior exige que o aspirante aprenda as técnicas de ativação das energias que jazem adormecidas na região umbilical. Esse é o chakra *manipura* — "o chakra repleto de pedras preciosas". Ele também é conhecido como *mani padma* — "o lótus feito de reluzentes pedras preciosas." Nossa mente ocupa-se comumente com as questões relativas aos dois chakras inferiores: o *muladhara* (o chakra situado na base da coluna) e o *svadhishthana* (situado na região pélvica). Como esses dois chakras correspondem aos quatro instintos primitivos [comer, dormir, fazer sexo e autopreservar-se], eles determinam os problemas relacionados com o medo, a fome, a sobrevivência, o prazer sensual, o desejo e o apego. Eles reduzem o fogo do terceiro chakra, o do umbigo, e bloqueiam nosso acesso a ele. De acordo com a literatura mística, o terceiro chakra corresponde ao plano celestial interior. É o centro da poderosa energia que nutre todo o corpo e a mente. É nele que se encontra o poder de cura e é dele que vem o entusiasmo, a coragem, a automotivação e a vontade inquebrantável.

O fogo do chakra do umbigo é a fonte da nossa existência. O vínculo do feto com a mãe se dá por meio desse chakra. Embora o desejo de procriar surja na mente e se manifeste como instinto biológico no segundo chakra, a força vital que deseja manifestar-se está no chakra do umbigo. Na verdade, é o movimento para fora da energia vital no chakra do umbigo que motiva a mente a querer procriar e ativa o segundo chakra. Portanto, o processo da nossa jornada para fora — o nascimento — começa no chakra do umbigo. Por isso, o mistério que se oculta por trás do véu do nascimento também pode ser desvendado no chakra do umbigo. O *Upanishad Katha* (1:1:18) afirma claramente: "Depois de conhecer a ciência do fogo, o iniciado que adquire o domínio do fogo de Nachiketa rompe os grilhões da morte, transcende todas as preocupações e goza a vida no céu."

Antes de podermos ter as experiências da iluminação e da nutrição inerentes ao chakra do umbigo, entretanto, temos de acender o fogo, o que requer de nós a superação dos problemas relativos aos dois primeiros chakras. Mas, uma vez plenamente estabelecidos no primeiro estágio da prática, podemos voltar nossa mente para dentro e assumir as práticas mais avançadas.

De acordo com o *Svetashvatara Upanishad* (2:6): "A mente é atraída para o centro onde o fogo está crepitando, o prana está sendo retido ou as energias somáticas [as energias sensuais] estão densamente concentradas." Isso quer dizer que, para voltar nossa mente para o terceiro chakra, temos de fazer crepitar o fogo no chakra do umbigo ou praticar a retenção do ar, ou ainda trazer as energias sensuais do primeiro e segundo chakras, concentrando-as no terceiro. Pelo uso de qualquer um desses métodos, nós iluminamos a mente, tirando-a das trevas dos dois primeiros chakras. E aqueles que penetraram no *rudra granthi* (o nó do chakra do umbigo) são agraciados com a luz do fogo do chakra *manipura*.

A *agni vidya*, ou o domínio sobre chakra do umbigo, desvenda muitos outros mistérios. Conforme diz o *Yoga Sutra*: "Pela prática de técnicas especiais de meditação sobre o chakra do umbigo, os yogues adquirem total conhecimento de seus corpos" (3:29). E também: "Meditar sobre o plexo solar capacita os yogues a entender toda a dinâmica da esfera celestial — o sol, a lua, os planetas e as galáxias que giram em torno da estrela polar" (3:26). Os yogues que desvendam esse mistério podem perceber e comunicar-se com os entes que habitam a esfera celestial e que não têm corpos materiais. A satisfação proporcionada por esse conhecimento e experiência extraordinários é muito maior do que o nosso prazer sensorial. Por isso, em certo sentido, é um prazer celestial. É nesse sentido que as escrituras dizem que, pela *agni vidya*, os yogues acendem o fogo interior, transcendem as preocupações e gozam a vida no céu. O *Yoga Sutra* refere-se a essas conquistas dos yogues como *siddhis*.

O aspecto da *agni vidya* que envolve a meditação sobre o fogo interior inclui as técnicas mais avançadas da *hatha-yoga*, *kundalini* e *mantra*. Uma combinação perfeita dessas técnicas é com freqüência descrita nas escrituras tântricas altamente consideradas — como *Rudra Yamala* e *Svachchhanda Tantra* — bem como nos Upanishads *Katha*, *Svetashvatara* e *Dhyanabindu*. Entretanto, os maiores repositórios dessas técnicas são os textos dos yogues da tradição *Natha*.

Obter experiências e conhecimentos extraordinários é muito excitante, mas, se não formos diligentes na busca do supremo propósito da vida, pode tornar-se um obstáculo na nossa jornada espiritual, por distrair-nos de nossa mente e alimentar nosso ego. Por mais conhecimentos que tenhamos adquirido no caminho e por mais mistérios que tenhamos desvendado, eles são de pouco valor, se não nos levarem à libertação total do ciclo de nascimentos e mortes. No Bhagavad Gita (9:21), Krishna diz: "Depois de terem gozado os prazeres celestiais, quando suas virtudes [adquiridas por meio de práticas yogues e atos meritórios] são exauridas, as pessoas voltam outra vez para este mundo mortal. Assim, as pessoas que se submetem às práticas descritas nas escrituras com a intenção de obter recompensas permanecem presas no ciclo de nascimentos e mortes."

Vemos, portanto, que, por meio da prática da *agni vidya*, podemos iluminar nossos pensamentos e emoções, viver uma vida celestial neste plano e continuar a gozar os prazeres celestes depois da morte. Isso não significa, entretanto, que tenhamos alcançado a total libertação do ciclo de nascimentos e mortes. Longe disso. A *agni vidya* simplesmente nos dá acesso ao chakra do umbigo "repleto de pedras preciosas" e, com esse acesso, não sofremos mais em conseqüência da pobreza mental que nos é imposta quando nos apoiamos nos dois primeiros chakras. O conhecimento do céu e do inferno — as avenidas iluminadas e escuras do nosso inconsciente — só parece ser uma grande conquista para aqueles que não têm um propósito de vida mais elevado. Pois, por melhor que conheçamos os mistérios do céu e do inferno, não podemos alcançar a libertação antes de tê-los transcendido e alcançado o plano superior. De acordo com as escrituras, se negligenciamos o propósito de vida mais elevado, mais cedo ou mais tarde esgotamos nosso estoque de pedras preciosas e nos encontramos de volta no mundo dominado pelas preocupações, ansiedades e medos. É por isso que um aspirante sincero como Nachiketa não é complacente. Ele não se satisfaz só com esse nível de conhecimento. Essa compreensão nos empurra para o terceiro e último estágio da prática espiritual (*sadhana*).

A satisfação que o mestre sente ao encontrar um discípulo inteiramente preparado como Nachiketa fica evidente quando Yamaraja lhe ensina a ciência do fogo (*agni vidya*). Quando Nachiketa demonstra que a domina, Yamaraja fica tão satisfeito que lhe concede outra bênção. Com essa bênção, o mestre abre o caminho para que um dia Nachiketa chegue a dominar até mesmo os aspectos mais elevados da ciência da yoga.

O último estágio da prática espiritual (sadhana)

Depois de ter dominado a *agni vidya* e suas ciências yogues correspondentes, Nachiketa percebeu que continuava errando no mundo transitório, em essência de um modo não diferente do de uma ave migratória. Por isso, ele pediu o conhecimento que poderia levá-lo para além deste mundo. Em resposta às tentações que Yamaraja lhe propôs em lugar dessa graça, Nachiketa disse: "Os objetos mundanos têm vida curta. Eles podem ou não durar até amanhã. Eles consomem a vida dos nossos sentidos. Por mais longo que seja o nosso tempo de vida, ele não é suficiente. Portanto, ó *Gurudeva*, por favor, fique com suas carruagens, seus elefantes e dançarinas.

"O ser humano jamais pode ser saciado com riquezas materiais. Depois de ter conhecido você, *Gurudeva*, sei que, se precisar de riquezas, eu as obterei. E sei que continuarei vivendo pelo tempo que você desejar. Por isso, insisto no pedido que lhe fiz. Depois de ter conhecido um santo imortal como você, como pode um mortal continuar desejando prazeres mundanos de pouca duração e uma vida longa?"

Em outras palavras, mesmo tendo adquirido conhecimento dos mundos terreno e celeste, ele só serviu para alimentar em Nachiketa o desejo de conhecer a verdade eterna, bem como sua relação com ela. Esse é o critério para a passagem do estágio intermediário para o final da prática espiritual (*sadhana*): esse estágio é para aqueles buscadores raros, nos quais todos os desejos, inclusive o anseio pelo céu, são consumidos pelo desejo de conhecer a verdade que é eterna, auto-iluminada e divina. Essa é a forma máxima de desapego (*vairagya*) e é pré-requisito tanto para a *samadhi nirbija* (sem semente) como para a *parabhakti* (a forma mais elevada de devoção a Deus). No início desse nível de desapego, o fogo do verdadeiro conhecimento acende-se sozinho e consome todas as impressões sutis do nosso passado. Os atrativos e tentações, tanto deste mundo como do celestial, não nos seduzem mais, porque nossos corações estão em outro lugar. Nosso desejo de provar o néctar imortal é tão intenso que os prazeres mundanos e celestiais ficam insípidos.

Nesse estágio, os buscadores com fortes tendências para o conhecimento só anseiam pela auto-realização, a qual, por sua própria natureza, envolve a experiência da união com o Absoluto. Por outro lado, aqueles com fortes tendências para o amor e a devoção (*bhakti*) anseiam por uma experiência direta do Divino e, quando conseguem isso, fundem-se com o Amado.

Qualquer que seja a forma que ele assume, esse último estágio da jornada espiritual transcende todas as realizações mundanas e celestiais. Os aspirantes que adquiriram tanto um conhecimento profundo quanto um amor e devoção (*bhakti*) intensos nos estágios anteriores da jornada preferem atravessar o segundo estágio por meio da contemplação, da meditação ou da oração e fundir suas mentes com o Ser Divino. Com a ajuda do conhecimento e do desapego, eles queimam todas as suas impressões sutis (*samskaras*) e, por sua fé resoluta e seu amor ao Divino, a consciência deles é totalmente absorvida pela consciência divina. Quer eles deixem o corpo à maneira do yogue ou morram de uma maneira comum, esses yogues vão para o plano que transcende o ciclo de nascimentos e mortes, céu e inferno.

No Bhagavad Gita, o Senhor Krishna ressalta a importância de cultivar um nível tal de pureza e agudeza mental de tal modo que na hora da morte a mente se fixe exclusivamente no Senhor da Vida que vive dentro de nós. Só assim entramos no outro reino, que brilha com luz própria. Nas palavras de Krishna: "Aquele que na hora da morte só lembra de mim funde-se com a minha essência. Não há nenhuma dúvida quanto a isso" (Bhagavad Gita 8:5). E prossegue dizendo: "As pessoas que estão inteiramente apoiadas na yoga com mente resoluta deixam seus corpos contemplando apenas o Ser Divino e, portanto, chegam ao plano do Divino... Com uma mente resoluta, as pessoas dotadas do poder da yoga e do *joule* — que fazem com que toda a sua energia prânica penetre no chakra do terceiro olho e, por ele, deixe o corpo — passam para o outro mundo... Controlando todos os portões, confinando a mente no coração, colocando a força prânica na coroa da cabeça, inteiramente apoiado na yoga, aquele que, lembrando-se apenas de mim, deixa o corpo com o som 'Om' vai para o plano supremo." (Bhagavad Gita 8:8, 10, 12-13)

Na nossa ignorância, muitas vezes achamos que podemos esperar até a velhice para assumir nossa espiritualidade, acreditando que as impressões sutis criadas pelas práticas espirituais se manifestarão na hora da morte e nos permitirão alcançar a libertação da transmigração. Esquecemo-nos que, no passado, um incontável número de pessoas fez planos semelhantes, mas não conseguiu concretizá-los. Não percebemos que os desejos, os apegos e as forças da mente inconsciente, que hoje atuam no sentido de nos aconselharem o adiamento do nosso compromisso resoluto com a prática, vão ficar ainda mais atuantes na velhice — e que, à medida que envelhecemos, nossa impaciência aumenta, nossos sentidos se enfraquecem, perdemos gradativamente a memória, e a desesperança toma conta de todo o nosso ser. Nesse estado físico e mental, como podemos nos comprometer com uma prática intensa e prolongada? E se, de fato, quisermos criar e acumular *samskaras* de conhecimento, amor e devoção espiritualmente iluminadoras, precisamos praticar religiosamente por um longo período de tempo sem interrupção. Portanto, temos de começar o mais cedo possível.

É por isso que as escrituras recomendam que comecemos nossa busca espiritual aqui e agora, antes que seja tarde demais. Para acalmar a nós mesmos, dizemos que nunca é tarde demais, mas a verdade é que, para o ignorante, nunca é tarde demais, enquanto para o sábio nunca é cedo demais. A jornada para a morte começa no momento do nascimento. Quanto mais cedo iniciarmos nossa jornada espiritual, melhor.

A boa notícia é que já estamos rodeados pela graça de Deus e que, apesar da lei do karma e das forças do destino, todos nós somos guiados e protegidos por essa graça. Por melhores ou piores que sejamos, por mais sinceros ou desonestos que sejamos, o Divino mora sempre no nosso coração. Precisamos apenas de um instante para compreendermos que esse amigo interior está sempre conosco e, quando entendemos inteiramente essa verdade, somos tomados por uma sensação avassaladora de unidade com o Divino. A partir desse momento, não há força no mundo que possa impedir a nossa jornada. É por isso que os sábios nos aconselham: "Não desanimem, ó filhos de Deus. A luz que estão buscando arde dentro de vocês. Entreguem-se e ela se revelará." Portanto, para aquele que segue o caminho do amor e do êxtase divinos, nunca é tarde demais. O lugar de destino corre em direção ao buscador.

Edifício principal da sede norte-americana, Honesdale, PA

The Himalayan Institute

Desde a sua fundação em 1971, o *Himalayan Institute* vem se dedicando a ajudar as pessoas a se desenvolverem física, mental e espiritualmente, combinando o que os conhecimentos orientais e ocidentais têm de melhor. Os programas do Instituto dão ênfase à medicina holística, à yoga e à meditação, mas o Instituto é muito mais do que seus programas.

Nossa sede norte-americana está situada num belo campus de quatrocentos acres nas colinas onduladas das Montanhas Pocono, no noroeste da Pensilvânia. A atmosfera do lugar é propícia ao crescimento pessoal, à expansão da consciência interior e à tranqüilidade. A área provê um cenário maravilhosamente tranqüilo e saudável para nossos seminários e cursos extensivos. Pessoas do mundo inteiro juntam-se a nós aqui para participar de programas em áreas tão diferentes como *hatha-yoga*, meditação, redução do *stress*, Ayurveda, nutrição, filosofia oriental, psicologia e outras. Seja para os retiros de meditação de fins de semana, seminários semanais sobre espiritualidade, programas com meses de duração no local ou programas holísticos de assistência à saúde, o esforço aqui é para proporcionar um ambiente propício ao crescimento interior. Convidamos você para vir juntar-se a nós no processo contínuo de crescimento e desenvolvimento pessoais.

O Instituto é uma organização sem fins lucrativos. Sua participação ajuda o Instituto a manter seus programas. Para obter maiores informações sobre como tornar-se membro, telefone ou escreva para nós.

Programas, Serviços e Facilidades do Instituto

Todos os programas do Instituto têm em comum a ênfase num estilo de vida holístico consciente e no desenvolvimento pessoal. Você pode participar de qualquer um de seus diversos programas, que incluem:

Seminários especiais de fins de semana ou extensivos, nos quais são ensinadas práticas e técnicas para manter a saúde e gozar a vida.
Assistência holística à saúde.
Retiros para meditação e cursos avançados de meditação.
Cozinha vegetariana e treinamento em nutrição.
Hatha-yoga e prática de exercícios.
Programas locais para o autodesenvolvimento.

Sede principal do hospital, além dos limites de Dehra Dun

O Instituto publica e distribui gratuitamente o boletim informativo *Quarterly Guide to Programs and Other Offerings*. Para solicitar um exemplar ou para outras informações, ligue para: 800-822-4547, Fax 717-253-9078, e-mail himalaya@epix.net, ou escreva para: The Himalayan Institute/RR 1, Box 400/Honesdale, PA 18431.

Hospital Beneficente do Himalayan Institute

Um aspecto importante do trabalho do Instituto em todo o mundo é a construção e a administração de um hospital moderno e abrangente, de atendimento holístico, na região montanhosa de Dehra Dun, na Índia. Facilidades para pacientes de ambulatório já estão oferecendo assistência médica aos necessitados e unidades móveis estão sendo equipadas para visitar as aldeias mais afastadas. O trabalho de construção da sede do hospital avança rapidamente.

Recebemos de bom grado ajuda financeira para sua construção e oferta de serviços. Também recebemos doações de suprimentos e equipamentos médicos, bem como de serviços voluntários de profissionais. Se você deseja obter mais informações sobre o hospital, entre em contato com nossa sede em Honesdale, PA.

The Himalayan Institute Press

The *Himalayan Institute Press* é, há muito tempo, considerado como "o recurso para um modo de vida holístico". Publicamos dezenas de títulos, bem como fitas audiovisuais que oferecem métodos práticos para se viver em harmonia e equilíbrio interior. Nossa abordagem trata a pessoa como um todo integrado — corpo, mente e espírito — unindo as descobertas científicas mais recentes com as técnicas antigas de cura e autodesenvolvimento.

The Himalayan Institute

Oferecemos uma vasta série de títulos sobre saúde e bem-estar físicos e psicológicos, desenvolvimento espiritual por meio da meditação e outras práticas yogues, bem como meios para se permanecer inspirado durante a leitura das escrituras sagradas e dos antigos ensinamentos filosóficos.

Nossa linha sobre saúde inclui *The Neti*™ *Pot*, o instrumento ideal para quem sofre de sinusite e alergia; e *The Breath Pillow*™, um instrumento especial de aprendizado de técnicas respiratórias que ajudam a manter a saúde — a respiração pelo diafragma.

Nossa revista bimensal, *Yoga International*, publica artigos que estimulam a reflexão sobre todos os aspectos da meditação e da yoga, inclusive da ciência irmã da yoga, a Ayurveda.

Para receber gratuitamente nosso catálogo, ligue para: 800-822-4547.

INVESTIGANDO VIDAS PASSADAS
Raymond A. Moody Jr., M.D., com Paul Perry

Vivemos antes? Viveremos outra vez?
O dr. Raymond A. Moody, que mudou a nossa maneira de ver a morte com a série de livros que escreveu sobre esse tema, pesquisa agora a nova ciência da regressão sob hipnose para descobrir se de fato podemos *recordar* "vidas passadas" — e o que essas lembranças nos dizem sobre a possibilidade de a morte não ser o fim de tudo.

O dr. Moody interessou-se pela primeira vez pelo fenômeno ao encontrar pacientes psicologicamente sadios que, sob hipnose profunda, de repente começaram a descrever com vívidos detalhes episódios de períodos históricos que não teriam como conhecer. Seu interesse pelo significado dessas visões se intensificou quando decidiu empreender sua própria viagem ao surpreendente e estimulante mundo das "experiências de vidas passadas". Em abril de 1986, submeteu-se a um profundo transe hipnótico que lhe revelou nove vidas anteriores.

Indeciso quanto ao que fazer com essa experiência, o dr. Moody deu início a um projeto intensivo de pesquisa durante dois anos tendo como tema a regressão. *Investigando Vidas Passadas* é o resultado fascinante de suas descobertas. Intrigante e inovador, ele revela que quase todas as pessoas podem fazer essas viagens dramáticas a vidas anteriores e mostra como começar pessoalmente essa busca no intuito de revelar soluções novas para antigos conflitos pessoais ou para descobrir uma nunca antes experimentada paz interior.

Mas será que essas visões significam que a reencarnação de fato existe — que **vivemos antes**? O dr. Moody apresenta explicações científicas, não-místicas, para essas experiências, bem como alguns casos que desafiam qualquer explicação racional, deixando que o leitor tire suas próprias conclusões.

* * *

Raymond A. Moody Jr., M.D., recebeu alguns de seus títulos acadêmicos na Universidade da Virginia. Depois de lecionar filosofia na Universidade da Carolina do Norte, recebeu seu título de doutor em medicina no Medical College of Georgia, em 1976. Paul Perry, co-autor, é colaborador da revista *Health Magazine*.

EDITORA CULTRIX

KARMA: A ORIGEM DA DOR

Celina Fioravanti

Estudar o karma é uma tarefa interessante, embora contenha desafios, pois é impossível fazê-lo sem pensar no nosso karma. Marido e mulher, filhos e pais, trabalho, doenças: quando os problemas experimentados por essas ligações são ou não são de natureza kármica?

A autora deste livro, Celina Fioravanti, analisa a questão do karma de forma objetiva. Ainda que o karma seja a causa de muito sofrimento, ele representa uma oportunidade de aprendizado única, que não deve ser desperdiçada. Com uma visão positiva, que induz sempre à avaliação e à solução das dores que todos experimentam ao se verem envolvidos em situações kármicas, a obra apresenta uma união entre o modo oriental e o ocidental de entender o karma.

Com a leitura de *Karma: A Origem da Dor*, o leitor tem a possibilidade de aprender como escapar dos efeitos do karma, trabalhando para eliminar suas dívidas espirituais e evoluindo, enquanto reajusta sua carga de dificuldades.

* * *

De Celina Fioravanti a Editora Pensamento já publicou: *Uma Parcela de Deus, Causas Espirituais da Depressão, Contato com Guias Espirituais, A Cura pelos Fluidos* e *Os Curadores do Espírito*.

EDITORA PENSAMENTO

A MORTE: UM AMANHECER

Elisabeth Kübler-Ross

    Quando o assunto é morte, o ato de morrer ou a vida depois da morte, imediatamente nos vem à memória o nome da dra. Elisabeth Kübler-Ross, a maior e mais conhecida especialista no assunto em todo o mundo.
    Este seu livro reúne, pela primeira vez, os textos que escreveu tendo como fundamento os anos em que trabalhou junto a pessoas que estavam para morrer. Com elas, aprendeu muito sobre o significado da vida e sobre a vida depois da morte. O que aprendeu e pesquisou juntou-se às próprias idéias e sentimentos sobre esse tema, tão polêmico quanto fascinante.
    Basicamente, de todo esse conhecimento, fica a certeza de que a experiência da morte é quase idêntica à do nascimento. É como nascer para uma existência diferente, e isso pode ser feito com muita simplicidade.
    Outro fato incontestável é que morrer, assim como nascer, é um processo normal pelo qual todos os seres humanos terão de passar um dia. E nada melhor do que ler este livro — *A Morte: Um Amanhecer* — para perder de vez o medo da morte e descobrir tudo o que acontece durante o ato de morrer e logo depois.

EDITORA PENSAMENTO